その仕事、

小野和俊

クレディセゾン
常務執行役員CTO

1%の本質をつかむ「シンプルな考え方」

ダイヤモンド社

全部
やめてみよう

「いま進めているプロジェクトは20あります。これを6人で回していて、状況はとても厳しく……。正直、定例会議だけでもう手いっぱいです」

こんなチームを見たことはないだろうか？

私はいつもこう尋ねる。

「たくさんプロジェクトがあって、みんなすごく忙しいね。だから、プロジェクトを次の基準で点数化してくれないかな」

「もし万が一、会社がこれをストップするなら、身銭を切って起業する。だから事業を買いとらせてほしい。それくらい成功すると信じているし、たくさんの人に喜んでもらえると確信している。

これを1とする」


「一方、上司から言われて仕方なくやっているけれど、絶対うまくいかない。こんなものを喜んで使う人はいない。

これを0とする」

「えっ、低い場合でも、言っていいんですか……」

「うん、本当のことを言っても絶対に怒らないし、ネガティブに思ったりしないよ」

「だとするとこの仕事は0・4、この仕事は0・3、いや0・2かな……」

「やるなら全力で進めて、誰かにすごく喜んでもらえるものを作りたいね」

「そこまでのものはないかもしれません。プロジェクトの数がKPIだったので……」

「そしたらさ、できることと、できないことがあるかもしれないけど、いったんはこう考えてみようか」

「その仕事、

「全部やめてみよう」

はじめに

——ITベンチャーと老舗金融企業で学んだこと

私は大学卒業後にサン・マイクロシステムズに入社し、その1年半後にアプレッソという会社を立ち上げた。データ連携ソフト「DataSpider」の開発を指揮しながら、13年間、代表を務めた。業績も順調に推移していった。

2013年、DataSpiderの代理店であり、データ連携ソフトを自社に持ちたいと考えていたセゾン情報システムズから資本業務提携の提案を受けた。セゾン情報システムズは、ファイル転送ソフト「HULFT」を持ち、この分野で世界第3位の売上を誇っている。

ファイル転送ソフトのHULFTを持つセゾン情報システムズ。

データ連携ソフトのDataSpiderを持つアプレッソ。

この2社が合体すれば、最強の会社ができる。

そう考えて、よりスケールの大きい仕事をすべく、アプレッソはセゾン情報システムズのグループ会社となった。それを契機に、私はセゾン情報システムズのＣＴＯ（最高技術責任者）を務めることになった。

その後、２０１９年3月からクレディセゾンのＣＴＯに就任。クレディセゾンはクレジットカード事業だけで年間5兆円近い取引があり、関連カードも含めるとお客さま基盤は３７００万人にも上る。ここにＩＴやデジタルの力を「事業」としてとり込めれば、必ず面白いことができる。

いま、金融業界にデジタルの力を活かすべく、日々奮闘している。

ＩＴベンチャーの代表を10年以上務め、現在は老舗金融企業のＣＴＯ。このキャリアを通して、それぞれがどんな特徴を持ち、そこで働く人がどんなことに悩み、どんなふうに仕事をしているのかを見てきた。そしてまったく種類の異なる２つのキャリアを通じて、複眼的な思考を手に入れることができた。

ＩＴベンチャーで学んだこと

ＩＴベンチャーは何もないところから事業を作る。**ゼロから事業を立ち上げることの難**

しさと面白さを学んだ。自由度が高く、動きも早いのでさまざまな実験を行うことができ、その効果を確かめる機会に恵まれた。ベンチャーには突出したスペシャリストが集まりやすい。ある人が参加することで状況が一気によくなることもある。ただしそういう人は大抵の場合、どこか変わっている。異能な人の価値、そして、彼ら彼女らが起こす問題とその解決策についても多くを学んだ。

老舗金融企業で学んだこと

一方、老舗金融企業でも多くのことを学んだ。事業規模や社員数がある程度以上になったとき、事業を安定的に継続展開するにはどうすればいいのか。**大企業の各種制度や組織設計はそうした知恵の結晶**だと言える。

調整と交渉能力に秀でたマネージャーをこの上なく心強く感じたことが幾度となくあった。人体における免疫系の作用と同様に、大企業はその複雑な機構をすこやかに保つために異物を排除しやすい。しかし、異物に見えるものが「とり入れるべきもの」であるときはどうすればいいのか。これについても多くを学んだ。

プログラマーとして学んだこと

また、プログラマーとして仕事をしてきたことも、私に多くのことを教えてくれた。腕に磨きをかけてどんどん成長していく人とそうでない人との「差」は何か。スキルも考え方も異なる多様なチームで成果を挙げるポイントは何か。

プログラマーは自分がラクをするための努力を惜しまない。だから私たち**プログラマーは仕事の「効率化余地」を敏感に察知する。**

経済産業省がサポートする「未踏ソフトウェア創造事業」で近い世代のスーパープログラマーたちとソフトウェア開発にとり組み、交流したこともよい刺激になった。それまで見たことがないタイプの人もおり、「この人はこんなふうにして新しいアイデアを生み出すのか」と驚かされることもあった。こうした経験が私の視野を広げ、「多様な才能に対する受容性」を一段と高めてくれた。一方で、私のプログラミング速度に驚く人もおり、自分の強みを再認識できた。

こうした学びから、ベンチャーや大企業問わず、**どんな仕事にも共通する「仕事を合理**

化するポイント」があることが見えてきた。逆にいえば、**共通する「無駄」がある**のだ。
冒頭のケースは決して珍しいことではない。本書では、やめるべき仕事・考え方をさまざまな角度から見ていきたいと思う。

本書の構成と狙い

第1章 「谷」を埋めるな、「山」を作れ！――市場で勝つ

「この製品には欠点があります」。こんな報告は人の意識を引きやすい。だが短所をいくら補ったところで、生まれるのは没個性的な普通の製品のみ。短所を補うことは「谷」を埋める行為であり、長所を生み出し伸ばすのは「山」を作る行為だ。「谷」を埋めても「山」がなければ、顧客の目には何も「映らない」。

第2章 「ハンマーと釘」の世界の落とし穴――正しく実行する

世界には「ハンマーと釘」の罠が常に潜んでいる。ゲームで新しい武器を手にすると試し切りをしたくなるのと同様に、技術やスキルを身につけると、それを使ってみたくなる

のだ。するとどうなるか。「その仕事は、誰のどんな喜びに寄与するのか」を誰も理解していない。そんな滑稽《こっけい》なことが少なからずある。

第3章 「ラストマン戦略」で頭角をあらわせ——自分を磨く

事業を作るのは人だ。チームメンバーそれぞれの能力のレーダーチャートを重ね合わせたものが、チーム全体の能力のレーダーチャートとなる。だから、チームのひとりひとりがそれぞれの特性に合った形でユニークな能力を伸ばしていくことが重要だ。日々の仕事や生活の中に「見せ場」を作り、「ラストマン戦略」でユニークな力をどこまでも高く伸ばしていこう。

第4章 「To Stopリスト」をいますぐ作る——生産性を上げる

繰り返し実行される作業の中に潜むちょっとした無駄は、その回数が増えるごとに積み重なり、やがて大きな無駄となる。「実はもうやめても影響がない仕事」などは無駄の代表格だ。やめるべき仕事を早期に見極めるための「To Stopリスト」を定期的に見直していこう。なぜなら、パフォーマンス最大化のカギを握るのは、力の入れ方ではなく、「力の抜き方」のほうだ。

第5章　職場は「猛獣園」である――チームで戦う

どんなスーパーマンでもひとりでやれることには限界がある。みなダイバーシティ（多様性）やインクルージョン（社会的包摂《ほうせつ》）を口にするが、本当に多様なチームでは、職場は「猛獣園」のような様相を呈す。そんな中で猛獣同士が極力傷つけあわないようにし、かつチームとして成果を挙げていくにはどうすればよいか。

仕事をしていくうえで大切なのは、よいものを作り上げて世の中に届け、企業を成長させること。そして、みなが生き生きと仕事をして高く評価され、幸福だと感じることだ。そのために必要なことは、一見まったく異なるように見えるＩＴベンチャーでも歴史ある日本の大企業でも、根本のところではほとんど変わらない。

本書は、そんな「仕事の本質」に迫ったつもりだ。ひとりでも多くの方の役に立てれば、著者として幸甚である。

その仕事、全部やめてみよう

目次

第1章 「谷」を埋めるな、「山」を作れ！——市場で勝つ

第2章 「ハンマーと釘」の世界の落とし穴——正しく実行する

第3章

「ラストマン戦略」で頭角をあらわせ
——自分を磨く

第4章

「To Stopリスト」をいますぐ作る——生産性を上げる

第5章 職場は「猛獣園」である——チームで戦う

第1章

「谷」を埋めるな、

市場で勝つ

短所を補うことは「谷」を埋める行為であり、
長所を生み出し伸ばすのは「山」を作る行為だ。
「谷」を埋めても「山」がなければ、
生まれるのは没個性的な普通の製品のみ。
顧客の目には何も「映らない」。

「山」を作れ!

「谷」を埋めるな、「山」を作れ！

「この製品はA社と比べると○○が劣っており、B社には△△で負けています。この状況を打破すべく機能強化を行います。スケジュールは……」

こんな場面を見たことはないだろうか？

あるいは、あなた自身が報告者だったことはないだろうか？

「欠点が何一つない」製品など存在しない。

競合と比較すれば、自社製品の欠点は必ず浮かび上がってくる。

欠点や弱点、不足している点。私はこれらを**「谷」**と呼んでいる。「谷」は強烈な引力を持ち、少しでも気を抜くと、人は欠点を補うことばかり考えてしまう。

しかし考えるべきは**「山」――自社製品の長所であり、ユニークな価値**のほうだ。

「山」ではなく「谷」ばかりに気をとられてしまうのは、次のような理由による。

「谷」を埋めたくなる3つの理由

①社内の賛同を得やすい

他社製品と比べて、自社製品に足りない点があるのは誰から見ても否定しようがない事実だ。ゆえに「谷」を埋めるプランは社内の賛同を得やすい。

一方で「山」を作るプランは、実際にやってみないとどうなるかわからないので保守的な人から反対されやすい。

②考えなくてすむ

「谷」を埋めるプランを考えるのは簡単だ。他社製品の特長を調べ、自社製品に足りないところを一覧にしていくだけでいいからだ。仕事というより作業に近く、頭を使わずに進めていくことができる。

一方で「山」を作る場合はどうか。どのように進めていけばいいのか、また、その案で本当にいいのか、確証の得られない状態で進めていかなければならない。

③長所よりも短所のほうが気になりやすい

自社製品の長所をほめられると嬉しい。しかし、一度でも短所を指摘されると、そのことで頭がいっぱいにならないだろうか。人間は、何かが突出していることより、「何かが不足していること」のほうが気になりやすい。

すべて「自社都合」で考えていないか?

「谷」に引き寄せられる理由は、「社内で話を通しやすい」「自分がラクだ」など、自社または自分都合がほとんどだ。

しかし本当に重要なのは顧客視点で考えること。どれだけ「谷」を埋めても、「山」がなければ、その製品の特徴は見えない。

もちろん例外もある。ジャンルによっては「特徴的な製品はあるが、バランスのとれた製品がない」こともあるだろう。その場合は「谷がないこと」が「山」になる可能性もある。だがそれ以外においては、「谷」を埋め続けても、でき上がるのは無個性な製品ばかり。「既存の価値」に追従しているだけだからだ。

最初にやらなければならないのは「山」を明確にすること。**「山」がはっきりしていないのに「谷」を埋めることばかり考えるのは、ラクだが無駄な仕事だ。**

しかも、「谷」を埋めるにも各種会議や資料作成など、時間とコストがかかる。それに「山」の位置づけ次第で、「谷」を埋める戦略も変わってくる。「山」を明らかにしないと、「谷を埋める」プランも台無しになるのだ。

「モノ作り」だけの話ではない

さて、ここまでは「山」と「谷」を自社製品の話として説明してきたが、実際には「山」と「谷」の話は「モノ作り」だけの話ではなく、さまざまな種類の仕事についても当てはまる。

バックオフィス系の業務で、「業界ではオフィスのフリーアドレス化が進んでいます。まだ対応できていないのは当社を含め2社だけ。ぜひ導入しましょう」という話をするのは「谷」を埋めるアプローチだ。

だが、フリーアドレス化とは違うアプローチで、社員の生産性向上やオフィスの空間利用をよりよいものにするアイデアを考えることができれば、「山」を作ることにつながるかもしれない。

「山」を作る3つのコツ

最後に、「山」を見極めるためのポイントを3つ紹介したい。

実際にはパターン化できないくらいさまざまなアプローチがあるが、何もない中で「山」を考えても急には見つけにくい。

次のような要素がヒントになるかもしれない。

①まだ誰もやっていない

これは極めてシンプルだ。まだ誰もやっていなければ、それは「山」になりうる。だが、新しければ何でもいいというわけではない。「誰のどんな新しい喜びに寄与するのか」を常にセットで考えておく必要がある（詳細は第2章参照）。

②他業種や他国の成功例のエッセンスをとり入れる

他業種や他国で大きな成果を挙げたエッセンスを自分たちの事業にとり込む。前提が違うので他所で成果を挙げたものが同じように機能する保証はない。しかし少なくとも、どこかで実績を挙げたものであれば自分たちの世界でも効果を発揮する可能性はある。

③ギャップに目をつける

ＩＴ活用が遅れている領域で先んじてＩＴをとり入れれば、それは「山」となる可能性が高い。ギャップが大きければ大きいほど調整や交渉の手間などの苦労も多いが、もしとり組みが成功すれば、その効果は大きい。

王者マイクロソフトへの挑戦 ――「1％の本質」をつかむ

私は2000年にアプレッソを立ち上げ、データ連携ソフト「DataSpider」を開発していた。ある日、電撃的なニュースが飛び込んできた。王者マイクロソフトが、DataSpiderの競合製品「BizTalk」をリリースすることがわかったのだ。

当時、アプレッソはまだ信頼も実績もなく社員も10人程度。「これはもう勝ち目がない」。そんな絶望感が社内を襲った。

競合製品があるのはわかっていた。ＥＡＩ（Enterprise Application Integration）といわれる分野の製品だ。だが外資系ベンダー中心のこうした製品は、金額がDataSpiderより一桁高く、さらにチューニングする箇所も多く、設定するだけで通常のシステム開発とあまり変わらないくらい大変だった。

もっと安価で機能も絞られていて、大型のものだけではなくExcelやメールともデータ連携ができないか。

専門知識がなくても使いこなせるツールが求められているのではないか。

こんな仮説を立て、「これはいける」と手ごたえを感じながら企画・開発を進めていた私たちにとって、同価格帯でコンセプトも近い製品を王者マイクロソフトが投入してきたことは、会社存続に関わる脅威だった。

BizTalkを調査すればするほど、私たちはますます焦りを感じ始めた。なにせ王者マイクロソフトの製品である。投入できる資本は、我々とは雲泥の差があり、経験豊かな技術者も豊富にいる。

「山」を見極め、一点突破を図る

BizTalkは当たり前だが、よくできた製品だった。「BizTalkにできて、DataSpiderにできないこと」が次々と発見され、私たちの焦りは頂点に達した。対応可能な接続先が豊富で、連携の際のデータ変換ロジックも多数用意されており、「我々のような小規模チームが短期間に同じものを作るのは不可能」と戦慄《せんりつ》を覚えた。弱点を埋める戦いを始めれば、敗北は明らかだった。

そこで私たちは、「山」、つまり**DataSpiderにしかできないこと、DataSpiderが強みとすることに磨きをかける**ことにした。

具体的には、「ソースコードを書かずにデータ連携処理ができる」「必要な教育コストが少なくて済む」「日本で主流の製品との連携が充実している」という3点を「山」とし、3つの価値を高めることに集中した。

いわば、「谷」だらけの状況の中、たった3つの「山」を頼りに生き残りをかけた旅に出たのだ。

一方、「谷」（弱点）についてはBizTalkに追いつこうとするのをやめ、必要最低限の水準でいいと割り切ることにした。

「谷」を埋めるだけでは勝てない

BizTalkはすばらしい製品で支持を得たが、結果的に、DataSpiderを選んでくれるお客さまも多くいた。途中でいくつもの課題に直面はしたものの、全体で見ればアプレッソの事業は順調に推移していった。「山」を伸ばすことで初期の危機を乗り切ったアプレッソはその後も製品改善を続け、その過程でたくさんの「谷」を埋めていった。

「谷」はとかく気になりやすい。なにせ「他より劣っている点」だからだ。だが「谷」を埋めようとすると、それだけでリソースを使い切ってしまい、メンバーの士気も低下する。もし仮に「谷」を全部埋めることができても、新しい体験や価値を世の中に提供できるわけではない。**「谷」とは、「すでに他社製品が世に示した体験や価値」**だからだ。

ところが世の中には、「谷」を埋める仕事が極めて多い。

「山」を見出すことができなければ、仕事の大半は「谷」に吸い寄せられてしまう。仕事の99％は「谷」を埋める仕事となり、「山」を作る仕事は１％以下になるだろう。

大切なのは、**どんな状況下でも「谷」に惑わされず、自分たちの「山」が何なのかを見極めること**。この「１％の本質」に焦点を当てることが、世の中に新しい喜びや驚きを届ける唯一の道だ。

「実績ある」方法論は、ときに凶器となる

以前、経験豊富なベテランが「こんな製品がいま必要とされているんじゃないか」という発言をした。彼はなぜその製品が求められると思うのか、それが完成したらどんなふうに世の中がよくなるのかを熱弁した。その企画はとても魅力的なものに見え、経営陣も同意し、進めることになった。ここまではよかった。

コンサルタントの「危険な正論」

プロジェクトの進め方を検討する中で、とある方法論の権威として知られるコンサルティング会社を入れてプロジェクトを進めていくことになり、これが悲劇の始まりだった。

そのコンサルは**「ユーザーの声に裏打ちされたものしか作ってはいけない」**という持論を

チームメンバーに繰り返し伝えた。

これも一つの考え方だし、間違ってはいない。製品の性質によってはこのアプローチがベストなこともある。

プロジェクトを進める中で、メンバーの何人かはその意見に傾倒していき、「企画立案者や会社の上層部は思いつきで事業を進めようとしている」と異を唱え始めた。

私は「メンバーがそこまで言うなら」という思いと、方法論を学ぶ中で得られるものもあるだろうという思いとで、メンバーの意を汲んで、プロジェクトをコンサルの提唱する方法で継続することにした。

その後、長い時間をかけて徹底的にインタビューを繰り返す中で、**企画立案者のベテランは会議に呼ばれなくなり、プロジェクトは迷走し続けた。**

私はプロダクトの性質と手法にズレがあるように感じられたので、コンサルの上層部の人間に会いにいった。上層部の人間は「今回のプロジェクトは性質的にソートリーダーシップ型（理念を起点に進めていくやり方）で進めたほうがいいかもしれない。だが私たちの方法論はそこに向けて最適化されていない」と言った。

コンサルの現場メンバーは相変わらず「私たちのやり方こそがあらゆる場合において正

しい」と狂信者のような発言を続けた。

「方法論を導入して手順通りにキッチリと真面目に進めるが、失敗するチーム」と「無秩序に感覚と情熱だけでやっているように見えて成功するチーム」とが出てきて、いったいなぜこんなことになるのかといった議論が行われる。

私はこれまで何度もそんな光景を見てきた。だが答えは最初からわかっているのだ。

何らかの**方法論をとり入れると、自分たちのチームが急に権威づけされたような気分になる。**多くの人によって検証された方法で進めている「安心感」も得られる。何もない中で進めていくよりも、ずっと成功率が高まるように思える。

だが一方で、このやり方だと個の可能性は型にはめられ、制限されてしまう。

また、無我夢中でよいものを作ろうとしている人が、「すでに確立された方法論があるのに、それを使わずに自分の直感だけを信じる非科学的な人」のように見えてしまう。

ベンチャーも大企業も、方法論を濫用してはいけない

その典型の一つとして、大企業からベンチャー企業に転職してきた人が次のように言っ

ているのを聞いたことはないだろうか？

「当社はこれまで何もかもが整備されていない中で仕事をしてきたようです。今後、私が中心になって、大企業と同様の各種制度や規定を導入していきます。これで当社にも秩序がもたらされ、一流の会社へとステージアップできます」

そして身の丈に合わない過剰な制度を導入して生産性を低下させるのだ。

逆のパターンもある。ベンチャー企業から大企業に転職してきた人がこんなふうに言うケースだ。

「当社はずいぶん古いやり方をしているようです。ベンチャーを中心とした先端ＩＴ企業でいまだにこんなやり方をしている会社はありません。私が関わるプロジェクトでは最先端の方法を広げていきます」

すると、大企業の中で事故を起こしたり、関係部署の賛同が得られずに孤立したりする。**前職のやり方を機械的に適用しようとして失敗しており、方法論濫用の典型**と言える。

創造力を発揮し、新規事業やプロジェクトを成功させるのに最も重要なのは、知識や方法論で武装することではない。チームメンバーが自分の頭で考え、同じ方向を向いて進んでいくことだ。

業務命令でビットコインを配布した日

世の中で最も説得力があるのは体験だ。たとえ鉛筆一本でも、言葉だけでは完全に説明することはできない。「ＨＢで」「メーカーはトンボ鉛筆で」「鉛筆の先はカッターナイフで削ってあって」と特徴は説明できるが、目の前にしないと、伝わる情報は限られる。言葉には限界があるのだ。

会社の進むべき道や技術者が身につけるべき技術についても同様のことが言える。どんなに言葉を尽くしても、体験には勝てない。

裏返して言えば、**体験さえしてしまえば、多くを語らずともそれがどんな感動をもたらし、どんな可能性を持つのかを瞬時に理解できる。**自分がいま携わっている仕事で「ここで使えるな」ということだってすぐわかるだろう。

セゾン情報システムズでは、金融関連の事業部でクレジットカードのシステムを作っていたので、FinTechやビットコイン、ブロックチェーンなどは見て見ぬふりはできない領域だった。だが、「本を読んでブロックチェーンの勉強をしておくように」と指示を出したところで、すぐ理解できるものではない。実際に本を読んでみたが「暗号通貨が……」と冒頭に書いてあり挫折した、という声もあった。

だから私は、事業部１８０人全員に、ビットコインを〝体験〟する場を作ることにした。具体的には、30人ずつに分けて体験会を6回実施した。

イヤイヤ来ていた参加者たち

勉強会に参加するまでは、「これ、業務命令だよな？」「なんだよ忙しいのに！」と愚痴をこぼしながらしぶしぶ参加するメンバーもいた。

この体験会では参加者全員にビットコインを配布した。お金がもらえるのだから悪い話ではない。ＱＲコードを読みとってもらい、ウォレットをスマホにインストールしてもらう。そして講師が参加者全員にビットコインを送金する。

「おっ！ おいっ!! 来たぞ！ 来たーーー!!!」

ビットコインがスマホに届いたメンバーの中には、直前まで「なんだよこんな体験会」と斜に構えていたのに、実際に着金すると興奮をあらわにする人もいた。

「こんなことだったら俺にもわかるし使える」

体験してしまえば簡単なことだったのだ。

この体験会で使ったビットコインは、2016年に起こった熊本地震の被災者支援団体に寄付した。ビットコインで寄付を受けつけている口座があったのだ。当時、ビットコインで寄付する人は少数だったので、体験会のたびに寄付の金額は増えていった。

体験の喜びがやる気と才能を引き出す

体験を通して技術の性質がわかってしまえば、あとは簡単な話だった。興味を持つ人がひとりまたひとりと手を上げ、ブロックチェーン関連のプロジェクトへの参加希望を表明した。そしてその中から外部のブロックチェーンの勉強会に出て、そこで行われるコンテストで上位に食い込むメンバーも出始めた。COBOL（従来からあるメインフレームで使われる言語）の技術者しかいないと思われていた金融の事業部から、ブロックチェーンのエンジニアが誕生したのだ。

さらに私たちは、全事業部に関係するクラウドについても、積極的に体験型の勉強会を実施した。いままでインフラエンジニアとしてハードウェアやOSのセットアップを手間ひまかけて行っていた人ほど、簡単にインスタンス（クラウド上の仮想マシン）が瞬時に立ち上がることに驚きの声を上げた。体験型の勉強会のすぐ後に事業部に戻って自分が感じた興奮と、以前と比べてどれくらい短期間で環境が作れたのかを熱弁するエンジニアも出てきた。

体験の喜びがやる気とひとりひとりの才能を引き出すのだ。だから私たちは、**「理論よりも実践を」をスローガンに、次々と体験型の勉強会を開いていった。**

「セゾン情報システムズはどうしてこんなに短期間で技術力が上がったのか」とよく聞かれるが、最大の秘訣は、こうした体験がもたらす感動の力を最大限活用したことにあるのだ。

「山」を作るプレゼン、3つのコツ

「山」を作るとは、誰も知らない新しい世界を開拓することだ。

その意義や魅力を多くの人に伝えていくプレゼンで、気をつけるべきことやコツについて話したい。

新製品発表会のプレゼンは何百人規模になる。これから発表する製品が業界にどんなインパクトをもたらすのか、世の中がそれでどう変わるのかを発表する。

もう少し小規模なものだと、事業部の部門方針を発表するキックオフミーティングでのプレゼンがある。自社の新しい取り組みについて、外部で講演するプレゼンもこれに含まれるだろう。

私はこの手のプレゼンを400回くらいやってきており、自分なりのコツがある。ポイントは次の3つだ。

①共感する事実から入る

新しい企画やまだ見ぬ将来について話すときは、参加者が共感できる事実から話す。そうでないと、「地に足がついている感」がなくなり、話を聞いてもらえなくなる。

常識を揺さぶるようなプレゼンをするときほど、共感できる事実をしっかり伝え、参加者の心を入念に解きほぐす必要があるのだ。

自社プロダクトの新バージョンについて話をするときは、必ずこれまでの振り返りを入れる。旧バージョンではこんな特性が評価された。こんな分野では特に数多く利用されていた。お客さまの声の中でこうした指摘が多かった。

こうした事実の報告は、誰にとっても違和感なく「うんうん、そうだよね」という気持ちで聞いてもらいやすい。

まずは**「この人の話はうなずけることが多いな」と相手の気持ちを整えることを優先**しよう。それができたら、「さて、前半パートは以上になりますが、後半パートでは、私たちの新製品についてお話しできればと思います」と、斬新な新機能について話す。すると、スムーズに話を聞いてもらいやすい。

②重要な「つなぎ」は自分の言葉で語る

プレゼンは多くの場合、何枚ものスライドで構成される。スライドとスライドとの間には、「つなぎ」となるロジックが必要だ。

例えば2ページ目に現在の業界の課題がまとめてあり、3ページ目に自分たちが提唱する解決方法があるとする。

2ページ目から3ページ目に移る際には「次のスライドです」と淡白に言うより、「この課題をなんとか解決できないか。私たちは半年間考え抜いてきました。そして行きついたのは、たった1つの、実にシンプルな答えでした。私たちの答えはこちらです」と言ったほうがずっとインパクトがある。

重要な「つなぎ」は、自分の言葉で語ると非常に効果的だ。PCの画面をチラチラ見ながらではなく、**まっすぐ前を向き、自信を持って「次のスライドの意味はこうです」とスライドをめくる前に言う**のだ。

プレゼンの山場が来たら？

資料を見ながら、
淡々と進める
スライドをめくる前に、
自分の言葉で
位置づけを伝える

聴衆には「この人は自分の言葉で伝えようとしている」「この場を大切な場だと考えており、入念に準備してきている」と感じてもらいやすい。

さらに「山」を作るプレゼンはまだ見ぬ未来の話をすることが多いので、「拠《よ》り所《どころ》があまりない中で、この人は確信を持っている」という印象を与えられる。

プレゼンの山場が来たら、「ここまでお話ししたことを踏まえたうえで、私が一番重要だと思っているのは、これです（と言った後に次ページを開く）」と、ページをめくる前に、これから伝えることの位置づけを伝えよう。

ただ、プレゼンを見ていない人には正しく

伝わらないリスクもある。めくった後のページには、つなぎのロジックを書いておくとなおよい。

③決め台詞を用意する

時間が10分でも2時間でも、聴いた人の心に残り、後で「この言葉が響いた」と周囲に伝えたくなるフレーズがひとつでもあれば、そのプレゼンは成功だったと言える。そのためには、決め台詞を用意するのが効果的だ。

私がレストランの経営者だったとする。期首の経営方針を社員に伝えるプレゼンの中で、こんなジャンルの料理を拡充させていくとか、このエリアはいままで手薄だったので今期は積極展開していくなどと伝えていく。

だが、後で社員が復唱できるシンプルなフレーズが欲しい。

「池袋で一番ステーキがおいしい店」を今期のコンセプトに掲げたらどうだろうか。

仕入れる食材や調理場の各種器具などを現場で選定するときに、「池袋で一番ステーキがおいしい店を目指そうと言っているのに、この食材を仕入れるのはダメじゃない？」といった会話がなされるかもしれない。

決め台詞は、キャッチコピーを考えていく要領で、**「記憶に残るか」「適度に短いか」「夢を感じさせるか」**などを考慮しながら練り上げていく。

この決め台詞だけは完璧に決めなければならない。

普段早口な人でも、決め台詞の直前には一呼吸を置き、その沈黙を活用しながら、決め台詞を伝えよう。

「2ピザチーム」が最強の理由

Amazonのジェフ・ベゾスが提唱している考え方に「2ピザチーム」（あるいは「2枚のピザのルール」）というものがある。

これは**「チームの人数は2枚のピザでまかなえる範囲、つまり8人くらいに抑えておくべきであり、ミーティングについても同様である」**という考え方だ。

詳細は社外秘なのでわからないが、それぞれのチームは互いの状況や成果をすぐ確認できるようになっているようだ。

おそらく「ここにこういう手順でアクセスすれば、必要なデータが得られる」ということが、人が見たい場合と、プログラムから見たい場合とで、それぞれどうすればいいのかがシンプルな形でまとめられているのだろう。

ソフトウェア開発に携わる人であれば、ここまでの説明を聞いただけで「あれと似ているな」とピンときたはずだ。「マイクロサービス化」「クラス分割」「メソッド抽出」といったソフトウェアの独立性と再利用性を高める考え方とそっくりなのである。

私のようなプログラマーは、こうしたテクニックの効果の大きさを普段の仕事で実感している。だから自然と、**ITベンチャーのような「エンジニアが主体となって作る組織」は2ピザチームに近くなる。**

ではなぜ、大きなチームではなく、２ピザチームのような「小さなチーム」がよいのだろうか？　ポイントは３つある。

①チーム一丸となりやすい

８人以内なら、会議で全員が一度は発言できる。意見を求められることも多く、「とりあえず座っていればいいや」という姿勢ではいられなくなる。

仕事の進捗や顔色など、互いの状況をきめ細かく把握することができ、必要なフォローもすぐ行うことができる。チームの方向性についても、リーダーの熱量が伝わりやすい。ただし、大きなチームに慣れてきた人からすると、「息苦しい」と感じることもあるので注意する必要がある。

②資料作成がラク

大きなチームでは、解釈に齟齬《そご》が生じないよう、計画や資料をしっかり作る必要がある。しかし小さなチームなら必要最低限で抑えられる。何事も口頭で説明すればそれですむし、わからないことがあれば隣の同僚に聞けばいい。チーム内の資料作成の負担が圧倒的に軽くなる。

ただし、チーム外とのやりとりについては、大きなチームと同様に資料やデータを作成し、共有する必要がある。

③変化に強い

現代は未来予測が難しい時代だ。だから、やってみて手応えを確かめながら、必要に応じてピボット（軸足は変えずに方針転換すること）していかなければならない。人数が多いと、ピボットが失敗しやすい。

8人の小さなチームなら、このままではダメだということが自分事として伝わりやすく、ピボットについても納得感のある形で伝えやすい。

「山」を作るなら2ピザチームを

「山」を作るプロジェクトでは、ぜひ「2ピザチーム」を検討してほしい。

なぜなら、「山」を作るチームはいわば前人未踏の地を目指す探検隊だからだ。先の見えないビジネス領域においては、ひとりひとりが状況に合わせて考え、最善と思われる行動をとることが重要だ。小さなチームだと、メンバーひとりひとりが、「言われたことだけやっていればいい」から、「自分が何とかしなければならない」というマインドへと転換しやすい。役割も明確になり、ピボットにも強くなる。「このチームは大丈夫だな」と上層部が見ていても安心できるのだ。

過剰品質の美学
――日本とアメリカの違い

「これはいったい何なんだ？」

1999年の冬、アメリカのシリコンバレーで仕事をしたとき、上司のダグラス・ヒルから質問された。

日本のティッシュ箱の小さなミシン目（ティッシュをとり出すほうの大きなミシン目ではなく、箱の両サイドにある指を入れられる小さなミシン目）が気になったようだ。

「こうやって指を入れて……」私が実際に指を入れてペリペリとはがして見せると、ダグラスはムンクの『叫び』のように両手を頬に当てて驚いた。

「アメリカのティッシュ箱にも大きなほうのミシン目があるが、アメリカ人はみなガバッと手を突っ込んで開ける。指を入れる穴を用意するなんて、なんと細かい気遣いなんだ……」

私がティッシュを何箱もアメリカに持ってきたのは、職場の先輩から「西海岸は乾燥していて喉や鼻がやられるから気をつけろ。それから、アメリカのティッシュはゴワゴワして、鼻をかむと鼻の下が赤くなるから、日本の柔らかいティッシュを持っていけ」とアドバイスを受けていたからだった。

ダグラスにそれを伝えると、日本のティッシュとオフィスにあったアメリカのティッシュを触り比べ、「ティッシュ箱の開けやすさの気遣いも、ティッシュの柔らかさへのこだわりも、日本人はなんてクレイジーなんだ……」とただただ驚いていた。

雑だが、新しいアイデアがどんどん出てくる

当時、アメリカのＩＴ製品には、ティッシュ以上に、品質に関するさまざまな逸話があった。何千万円もする製品なのに、扉が上下さかさまに設置された状態でアメリカから日本に送られてきて、日本のエンジニアが慌てて扉を一度外して正しい向きに付け替えてから出荷したなど、そんな話がゴロゴロしていた。

私自身、大学時代にアルバイトでアメリカのソフトウェアのローカライズ（日本語化）をやっていたが、作業の過程で大量のバグを見つけ、それを本国に報告しながら作業していた。日本に出荷するときには品質が大きく上がっていたが、修正前の状態は本当にひどいものだった。

当時、そうやってアメリカの製品を日本人が品質を上げて出荷したケースは他の分野でも数多くあったのだろう。

だが、**雑ではあるが新しいアイデアの製品が次々と出てくる**。中には「こんなもの誰が使うんだ？」と思えるようなものもあるが、それでも新しいものが次々と出てくる。アメリカ人は日本人のように品質にこだわらないので、新しいものを生み出すコストは小さい。

以前、シリコンバレーからそう遠くないところにある寿司屋で、歓迎会を開いてもらったことがある。

「伝統的な寿司屋」と聞いていたその店で最初に出てきたのは、赤身の握りにオレンジソースをたっぷりかけたものだった。日本で食べるような寿司を期待していた私はひどく落ち込んだが、あの寿司屋も、とにかく新しいものを次々と出していくアメリカらしいお店だったのかもしれない。

そうやって次から次へと新しいものが生まれ、ついには新しい時代の波を作ってしまう。ＩＴの世界では、シリコンバレーがその中心となった。

遊び心があり、そして洗練されている

そしていまアメリカの製品は、iPhoneや各種Webサービスなど、品質や使い勝手の点から、日本製品よりずっと洗練されたものが出てきている。

２０１８年、私はセゾン情報システムズのアメリカ西海岸の現地拠点を訪れた。当時、製品開発支援のために、ほぼ毎月アメリカに出張していた。

そこで印象的だったのは、現地のメンバーが、「顧客のユーザーストーリー」を徹底的に考えていたことだ。**顧客がどんな気持ちで製品に触れ、それが顧客にとってどうプラスになるのか。この議論を何度も何度も行っていた**のだ。

数多《あまた》の成功事例で自信をつけ、「遊び心のあるダイナミックな発想」と「洗練された品質」との両立を力強く推進しているように思えた。

過剰なくらい品質に磨きをかける日本的アプローチには、品質の高さや安定感といった

長所があるが、短所もある。

「変わるべきときに変われない」のだ。

製品も組織も細かく作り込みすぎると、スピーディーな対応ができなくなる。プロジェクトにも従来通りの品質や精緻な事前予測を求めてしまう。

簡単に変わることができないのだ。

「過剰品質の美学」を捨て去るべきか？

高度成長の時代、過去の製造業モデルを踏襲していくことが成功の近道だったとき、日本は「Japan as NO.1」の称号を得た。

しかし、時代は大きく変わった。情報の時代に移り変わってからは、過去の成功体験が重荷となり、「変化」を阻害してしまっている。

確かに過剰品質の美学は、日本の強みの1つだ。

それを捨て去る必要はない。

しっかり作り込まれたもののよさは活かすべきだ。

現在の延長線上で物事を進めていく領域は、全面的に過剰品質の美学でやっていくのが最適だ。それと並行して、いままでのやり方が通用しない領域や、未知の領域に対しては、モードを変えて、「遊び心」をとり入れながら進めていくしかない。

トライアンドエラーを繰り返し、一定の答えが見えたところで、もう一度過剰品質の美学をとり入れていけばいい。

第2章

と釘」の

正しく実行する

みんないつも忙しく仕事をしている。
真剣にとり組んでいるようにも見える。なのに、
「その仕事は誰のどんな喜びに寄与するか」を
誰も理解していない。
こんな滑稽なことが少なからずある。
なぜなのだろうか?

「ハンマー世界の落とし穴

「ハンマーと釘」の世界の落とし穴

英語のことわざに「If all you have is a hammer, everything looks like a nail.（ハンマーしか持っていないと、すべてが釘に見える）」がある。

これはＩＴの世界にそのまま当てはまる。

この世界では新しい技術が日々生まれ、私たちエンジニアは**「手にしたハンマーで釘を打ってみたい」衝動にかられながら仕事をしている**からだ。

これは、ゲームで新しい武器を手にしたときの感情と似ている。

小学生の頃、ＲＰＧゲーム『ドラゴンクエスト』で念願の新しい武器を手に入れたときと同じだ。攻撃力が上がったのでどれくらい強くなったのかを試してみたい。だがもう寝る時間になった。翌日、学校に行っても、「いままで倒すのが大変だったモンスターを倒せるかもしれない」と集中できない。授業が終わると一目散に家に帰り、テレビにかじりついて武器の切れ味を試した。

似たような経験をした方も多いと思う。

ここでは、ITの世界の**「子どものような遊び心に満ちたクリエイティビティ」の大切さとハマりやすい罠**について触れておきたい。

ITは遊び心でできている

「社会課題を解決したい」「必要に迫られて研究して……」など、シリアスな理由から生まれた技術もたくさんある。

しかし感覚的に言えば、多くのITやサービスは、「こんなことができたら面白いんじゃないか」という子どものような遊び心から誕生している。

もちろん、社内の企画書には、市場規模や競合分析等の真面目な話が並ぶ。しかし、着想では遊び心から始まっているものが実に多い。

GAFAと呼ばれるデジタルジャイアントの4社はいずれも、綿密な事業計画を立ててから開発を始めるような「しっかりとした」始まり方はしていない。

世界最大のSNSであるFacebookは、マーク・ザッカーバーグが19歳のとき、大学の新入生交流用の「フェイスブック」と呼ばれる紙媒体の電子版を自分で勝手に作ったところから始まっている。Google、Apple、Amazonの事業も、最初は車を停める「ガレージ」から始まったプロジェクトだ。

ITの製造物は原材料を必要としない。だからプログラマーはまるで魔法使いのように、アイデアさえあれば何もないところから新しい製品やサービスを作れる。製造ラインなどの大規模施設が必要ないので、アイデアを素早く実現しやすい。

「こんなものがあったら」と新しいハンマーを生み出していく無邪気さは、この世界のダイナミズムを語るうえで欠かせない重要な要素だ。

「ハンマーと釘」の危険性とは？

一方、あまりにも頻繁に新しいハンマーが生み出されるので、ハンマーで釘を打ちたい衝動に負けてしまうことがある。

すると、課題解決に適していない技術をつい使ってしまうのだ。

もっとひどいときは、**使ってみたい技術があるために、プロジェクトを立ち上げる**こともある。

以前私がコンサルに入ったとある企業のプロジェクトでは、新技術が出るたびに、「新技術で既存の製品を作り替える」ということを繰り返していた。既存製品を作り替えるコストは年間数千万円以上。まだ安定していない新技術を採用することで生まれた不具合も数多くあった。エンジニアチームはその対応に苦慮しながらも、新技術への移行を行い続けていた。

このプロジェクトで私がまず行ったのは、「新技術が出たからといってむやみに使わない」をチームの方針として周知徹底することだった。

ありがちな３つの罠を避ける

ＩＴやサービス開発で遊び心とは必須のものだ。いかに遊び心を殺さずに「ハンマーと釘」の危険性を回避するか。

そのためには、次の３つの落とし穴を確認すべきだ。

①その技術が課題解決にどう役立つのか

課題解決に関係しておらず、「新技術だからとりあえず使ってみたい」という場合は実戦投入しないほうがいい。特に導入理由が専門用語だらけの場合は高確率で危険だ。

●ダメなときの会話例

「今回のシステムはどのような課題を解決するものでしょうか？」

「イーサリアムのスマートコントラクトが契約の自動履行を実現するのです」

②他のやり方では実現できないことか

「選択肢となりうる他の技術」を即答できない場合も危うい。今回採用する技術が望ましい理由を答えられない場合も注意が必要だ。

●ダメなときの会話例

「今回のシステムにおいて、他の選択肢はどのようなものを検討されましたか？　最終的にこの技術を選んだ理由は？」

「いままさに我々はパラダイムシフトの瞬間に立ち会っています。重要なのは我々の世界観に賛同いただけるかどうかです」

③その技術を使ったことがあるか

使ったことのない技術を勧めるのは、観たことのない映画を勧めるようなものだ。提案者が使ったことがないならやめよう。

この場合は、ハンマーをまだ手にしていないので「ハンマーと釘」ではないが、流行りに乗りたいだけの可能性が高い。ある程度の人やお金を動かすなら、その手応えを確認してからでも遅くない。

●ダメなときの会話例

「今回はこの技術以外の選択肢は考えられないとのことですが、その技術をご自身でも使ってみましたか？」

「部下に調査を指示してレポートをまとめさせました」

「よいアイデア」と「ダメなアイデア」の違い

よいアイデアとは、誰かの役に立つものだ。裏返して言うと、喜ぶ人の顔が見えてこないアイデアは、すべてダメだ。

「そんなアイデアある？」と思うかもしれないが、むしろダメなアイデアのほうが多いかもしれない。

「この技術を使って何か新事業を立ち上げないといけない」という自社都合から生まれたアイデアなどは高確率でダメだ。

さらに「このプロジェクトを成功させないと、これ以上の出世は難しいと言われた」などの理由で起案されたプロジェクトもうまくいかない。

ダメなアイデアには傾向がある。誰の役に立つかわからないアイデアが出てきてしまいがちな「5つのパターン」を紹介する。

ダメなアイデアが生まれる5つパターン

①プレッシャーを受けて無理やり考えるとき

「数字がいってないじゃないか！」というプレッシャーを受けていると、「何か考えないと！」と焦って無理やりアイデアを出してしまいやすい。

②役職者の思いつきをとり入れるとき

役職者は多くの場合、会社への貢献や何かしらの能力が評価されてその地位にいるが、的外れなことを言うこともある。役職者の思いつきを現場が変に忖度《そんたく》してとり入れてしまうと、訳のわからないものができあがってしまうことがある。

③変に差別化しようとする

他社との差別化は極めて重要なことだが、差別化を目的にするのは危険だ。誰も求めていないプロダクトが生まれがちだ。

④流行に安易に寄せるとき

必要に応じて時代の変化にキャッチアップしていくことは重要だ。だが、流行の追いすぎも危ない。古きよきものを大切にしながら、新しいものをとり入れていく姿勢が大切だ。

⑤「この機能が追加されれば大型案件がとれる」というとき

追加機能によって顧客が混乱することもある。多くの顧客から「それはいい。なるほどね」と思われるものに昇華できるか検討していこう。

この5つの罠に陥らないようにするために何が大事なのか。

やはりこれも「これができたら必ず喜んでくれる人がいる」という明確なイメージを描けるかどうかに尽きる。

Twitterから「着想の原点」を学ぶ

Twitterが2006年に初めて出てきたとき、みんなが驚いた。ライフログという概念はその当時まだなかったからだ。

憧れの人や、身近な人が、普段どんな食事をして、どんなところに出かけて、どんなことを考えて、いま起こっている事象に対してどんな意見を持っているのか。

これらをインターネットで気軽に見ることができるなんて夢にも思っていなかった。

ライフログのサービスを作るという発想自体は、「何があったらどんなふうに喜んでもらえるか」を考える人から出てきても不思議ではなかった。

それを一番スマートに実装して普及させたのがTwitterだった。

つまるところ、**「よいアイデア」とは、「誰がどんなふうにこれで喜んでくれるか」が考え抜かれたもの**なのだ。

PDCAではなく、DCAPで動くべき3つの領域

これまで日本では、PDCAが広くビジネスの世界で普及してきた。

PDCAは、計画（Plan）→実行（Do）→チェック（Check）→改善（Action）のサイクルを回し、改善を進めていく手法だ。

一方、さまざまな技術やトレンド、ベンチャー企業などが現れては消える現代においては、PDCAが不向きなプロジェクトも増えてきている。

そこで日本人が慣れ親しんだPDCAをベースとした、いま求められる行動様式として、DCAPがある。

DCAPは、それぞれの段階で用いられる言葉はPDCAと同じだが、その順序が異なる。**実行（Do）→チェック（Check）→改善（Action）→計画（Plan）と、計画より実行が先にある**のが特徴だ。

DCAPは、「未知の領域」と「変化していく領域」で強みを発揮する。まず実行することで、机上の知識ではなく経験として、未知のものや変わりゆくものの「手触り」がわかる。未経験のものに対しては、知識ではなく、経験を通して学ぶほうが圧倒的に多くの情報を得られる。

DCAPをサッカーで理解する

子どもの頃、初めてサッカーに興味を持ったときのことを思い出してほしい。サッカーをいち早く知りたければ、最初にすべきことは何だろうか。それは、ルールを調べることではなく、蹴り方のコツを聞くことでもなく、まずサッカーをしてみることだ。

ボールを蹴ったときに足がしびれる感覚、うまく蹴れずに変なところを蹴ってしまったときのつま先の痛み、足がきちんとボールをとらえたときにボールが勢いよく飛んでいく気持ちよさ、仲間のパスをうまく受けられたときの嬉しさなどが即座にわかる。

体験によって、「サッカーってこんな感じなのか」という本質的な理解が得られる。

未知のものについては知識で学ぶより経験したほうがいい。

「経験＞知識」という原理がＤＣＡＰの根底にはある。「新しいものが生まれては消えていく」現代においては、しっかり計画を立てて改善していくＰＤＣＡよりも、未知のものにまず飛び込んでみるＤＣＡＰのほうが向いている領域が拡大してきている。

ＤＣＡＰの向き・不向きをまとめると、こうなるだろう。

DCAPが向いている3領域

①未経験・未知の領域

これらの領域に対しては、サッカーの例のように、まずやってみることが理解の最短ルートだ。

②既知だが不確実性の大きい領域

経験したことのあるものでも、置かれた環境や顧客の特性によって、まったく違った結果になることがある。

例えば、ＳＮＳ登場前のマーケティングに慣れ親しんだ人が、ＳＮＳマーケティングに初めて挑戦するような場合だ。不確実性の高い領域にはＤＣＡＰが向いている。

③途中で要件が変化していく領域

建築物であれば、作り始める前に設計が確定するが、ソフトウェア開発では、作りながら望ましいあり方を模索し、あえて動的に設計を変更させていくことがある。それに伴い、内部の設計もどんどん変わっていく。こうした領域にはＤＣＡＰが向いている。

ＤＣＡＰが不向きな3領域

①小さなミスも許されない領域

ＤＣＡＰは、１つのミスが命とりになる領域には向かない。事故が起きないよう万全を期して精緻な計画を立てて臨むべきだ。

②関係者が多く、情報共有こそが肝である領域

プロジェクトメンバーが何千人といて、精緻な計画書がないと意思疎通が困難な場合も

ＤＣＡＰは向いていない。もっとも、チームとタスクを細かく分割すれば検討できるだろう。

③要件が途中で変わることが許されない領域

大規模なプロジェクトで、途中で予定変更したらコストが膨大になるようなケースも向いていない。安定感のあるＰＤＣＡで進めるほうがいいだろう。

これからとり組むプロジェクトが慣れ親しんだものであれば、ＰＤＣＡが機能することも多いだろう。だが、未知の領域に向き合うときは、思いきってＤＣＡＰのアプローチを検討してみよう。

あるものは使う。ないものは作る

「あるものは使う。ないものは作る」は、プログラマーの基本原則だ。この基本原則をあるゲームを通して説明したい。

私が2005年から4年ほど没頭したゲーム、『World of Warcraft（WoW）』には日本語版がなかった。世界的に見れば、WoWは2004年にリリースされてからあっという間に多数のファンを獲得し、2009年には課金ユーザー数が世界で1000万人を超えた超メガヒットタイトルだ。収益も2017年までに92億ドルを超えている。だが日本語版は現在もリリースされていない。

ゲーム中のすべての言葉が英語なので、知人に「一緒に遊ばないか」と誘いの声をかけても「日本語版がないならやらない」と敬遠されてしまう。WoWでは序盤に「クエスト（課題）」を次から次へとクリアしていくのだが、その内容は次ページの画面のように英文

WoWのクエスト画面

クエストのストーリーには
WoWの世界の重厚さがにじみ出
ている。
「出かけたまま帰ってこない家族の
ことを案じながら家で待つ母の話」
などもある。
これらを読み飛ばすのは
あまりにももったいない。

で表示される。私自身も含めて、日本人ユーザーは面倒になってこの英文を読み飛ばしてしまう傾向があった。

　これではせっかく細かく作りこまれたWoWの世界観を満喫できない。そこで私は、このクエストの内容を日本語に訳して表示できないかを試すことにした。

　最初に試みたのは機械翻訳だ。

　Wowhead.comというサイトにすべてのクエストのテキストが掲載されていたので、これを読みとって日本語に機械翻訳し、その文章を英語の右側に併記させようと考えた。

　実際にやってみると、固有名詞が直訳されてしまい、まったく意味の通じない文章になってしまうことが多々あった。

機械翻訳ではダメ

例えば、The Dark Ladyと呼ばれているキャラクターが言葉を発するシーンを機械翻訳すると「暗い女性は言った」と訳されてしまう。The Dark Ladyを「暗い女性」と訳すのは機械翻訳では間違いではない。しかしこれでは雰囲気も何もない。いくらなんでも「暗い女性」はないだろう。

同様に、「呪われた斧をとってくる」クエストで、「斧（axes）」を機械翻訳すると「軸（axes）」となってしまう。「呪われた軸をとってくる」と訳されてしまうと、そもそも何のクエストなのかわからず、笑うしかない。

そこで、次ページのようにWoW用語や固有名詞を翻訳対象外になる記号に変え、翻訳後に書き戻すようにした。

これでだいぶマシな訳になったが、当時はいまほど機械翻訳の技術が発達しておらず、まだギクシャクした日本語だった。

そこで今度は専用のwiki（不特定多数のユーザーが編集できるウェブサイト）を立ち上

誤訳させないための工夫

原文

As a member of the **Royal Apothecary Society** it is my duty to share my knowledge with my colleagues so that our collective efforts might one day provide **The Dark Lady** with the New Plague she so badly desires.

WoW用語を翻訳対象外にする

As a member of the **_NAME10231_** it is my duty to share my knowledge with my colleagues so that our collective efforts might one day provide **_NAME5224_** with the New Plague she so badly desires.

翻訳後の文章にWoW用語を当てはめていく

_NAME10231_の一員として ➡ **Royal Apothecary Society**の一員として

げ、ギクシャクする部分は個別に翻訳し、その内容を登録しておき、それが定期的にとり込まれていく仕組みを作った。

こうして誕生したのが「Quest Japanizer」というWoWのクエストの日本語化プラグインだ。次ページの画像のように、クエストを個別翻訳した内容を表示し、もし個別翻訳がなければ機械翻訳した日本語を表示する。

wikiには多数の有志によって9000近い個別翻訳データが登録され、「神プラグインが来た！」といったコメントとともに日本人プレイヤーに広く受け入れられ、当時5000人くらいいたプレイヤーの3000人に利用された。

私が2009年に引退した後も、有志に

日本語翻訳ツール導入で、日本人プレイヤーが激増

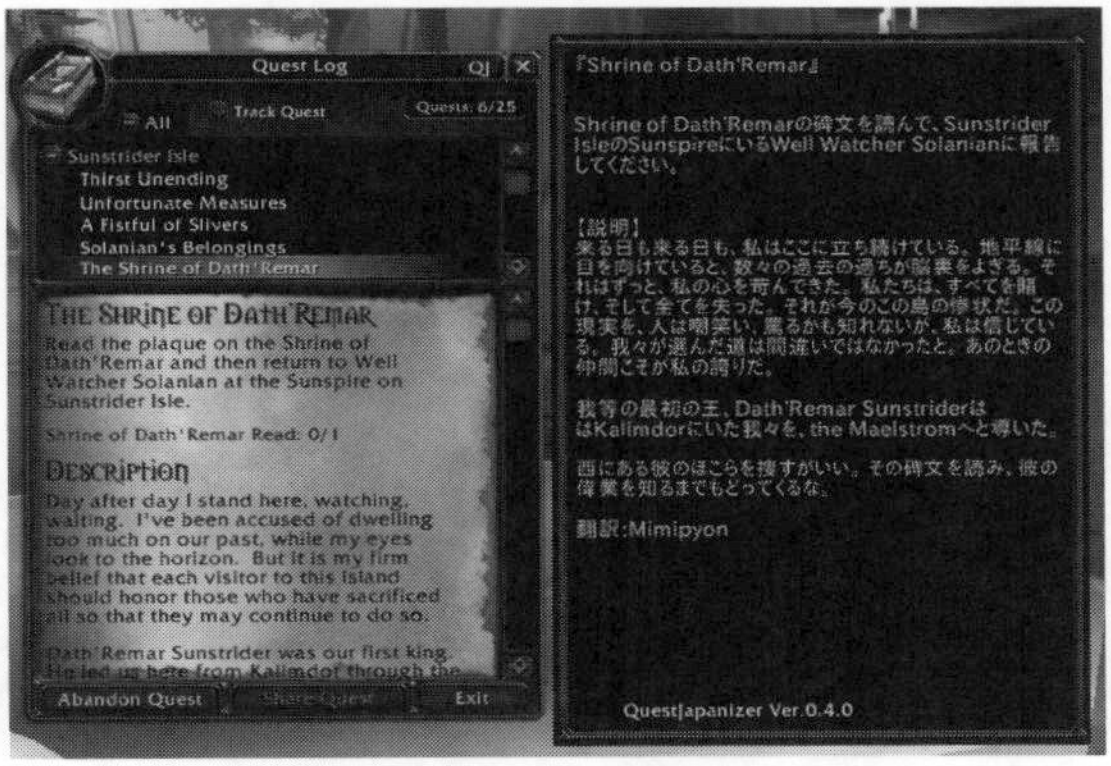

よってプラグインのアップデートは続き、2016年まで更新され続けた。

2つの教訓

この事例を紹介した理由は2つある。

1つは、**自分が心底解決したい課題があるときは、「何の役に立つか」がくっきり見えている**、ということだ。

そんなときはさっさとやってみるのがいい。

何よりもまずは自分の課題が解決するし、自分と同じような人が一定数いる場合にはたくさんの人に喜んでもらえる可能性もある。

もう1つは、**新しいことをやってうまくいくときは、意外とシンプルに「こんなことが**

できたらいいな」と気軽に始まることが多い、ということだ。

すでにあるものを積極的に使いながら、まずは小さく試してみる。結果を確認しながら、手応えがあればもっと深いところまで踏み込む。その中で課題が見つかれば、対策を講じていく。

これを繰り返していくだけで、案外うまくいくものだ。

「あるもの」をもっと活用しよう

例えば、手作業で各種集計をやっているなら、ExcelやGoogleスプレッドシートの関数やマクロ／スクリプトを学び、作業の自動化をしてみるのもいいだろう。簡単な集計なら10分もかからないはずだ。

関数もマクロも、もともと備わっている機能なので、「あるもの」といえる。だが、食わず嫌いをして、使ったことのない人も多いはずだ。

手作業がなくなるので確実に効率化につながるし、使ったことのない人から見ると魔法のようなツールに映る。徐々に勉強していけば、どんどん深い世界に踏み込んで行く価値のある世界だ。気づけば、いつかあなたも私と同じプログラマーの世界に足を踏み入れているかもしれない。

大切なのは、「問題があるなら自分で解決すればいい」と普段から考えること。そして、自分だけでなく、あの人たちも嬉しくてビックリするかもしれないとワクワクしながら、まずやってみること。

「実現できるかどうか」「いつやめるか」なんてことは考えなくていい。

そんなことは始めた後に考えればいいのだ。

デジタル技術の「正しい」使い方

最近、DX（デジタルトランスフォーメーション）の必要性が叫ばれている。DXとは、「人々の生活や仕事をよりよいものに変えるデジタル技術の浸透」のことだ。

DXには明確な失敗パターンがある。それは、**「使う人の驚きと喜びを考えないで作ったものはほぼ失敗する」**というシンプルなものだ。

使う人が顧客の場合にはCX（Customer Experience：顧客体験）、使う人が社員の場合にはEX（Employee Experience：従業員体験）を徹底的に考えなければ、DXは成功しない。つまり「使う人がどんなふうにワクワクするのかを全力で考えているか」が肝なのだ。だから私はCX、DX、EXと3つを並べて書く。**CXかEX、少なくともどちらかとセットで考えなければ、DXは失敗する。**

AIやクラウド、ブロックチェーンなど、デジタル技術そのものがクローズアップされすぎた結果、これらの技術を使ってPoC（Proof of Concept：概念検証）を繰り返すことがＤＸへの道だと錯覚されがちなので注意が必要だ。

技術と課題解決が結びついているか？

ＣＸやＥＸに寄り添ったＤＸの事例を挙げよう。

昨今、スマートスピーカーが「スマホの次のプラットフォーム」としてさまざまなところで話題になっている。そんな中、２０１８年に世界で最もメジャーなスマートスピーカーであるAmazon Echo（というよりその内蔵エンジンであるAmazon Alexa）のコンペティションが日本で初めて開催された。約４００チームのエントリーがあった中で、セゾン情報システムズは法人部門で優勝し、かつ特別賞も受賞した。受賞理由は「技術と課題解決が結びついている」ことが大きかったのだが、これはまさに**「ＥＸを考え抜いてデジタルを活用した」結果**だった。

私たちが作ったのは「クイックちゃん」。社内のマッサージルームで使用するスキルだ（Amazon Alexaでは開発したプログラムのことをスキルと言う）。

社内のマッサージルームは何年も前からあり、肩こりに悩むエンジニアたちに重宝されていた。マッサージャー（マッサージをする人）は目の不自由な方だったので、予約台帳の確認や次の人への連絡、不足した備品の発注などを円滑に行うために、バックオフィス系のスタッフがローテーションを組んで運営をサポートしていた。

マッサージャーは、「サポートはとてもありがたいが、仕事はなんとかひとりでできないものかねぇ」と言う。ここから「クイックちゃん」開発プロジェクトが始まった。

Amazon Echoに「Alexa、クイックちゃんで次の人を呼んで」と話しかけると、クラウド上の予約台帳をもとに、次の人にSlackやSkypeで通知が送られる。備品の発注についても同様で、声で指示を出すと内容を確認したうえで発注してくれる。

目で見ることができず、マッサージで手もふさがっている。残されたものは「声」しかない。だからスマートスピーカーを使う必然性があったのだ。

「クイックちゃん」の導入で、ローテーションでサポートについていた人の労働時間が192時間削減され、マッサージの施術の回転数が22％上がった。

そして何よりも嬉しかったのは、マッサージャーが「自立して業務をこなせるようになり達成感と自信につながった」と言ってくれたことだった。

「クイックちゃん」導入で、運営サポートが不要に

私は社員に**「これから来そうだという技術は習得しておき、使うべきときが来るまでは無理して使わないように」**という指示を徹底している。こう言い続けないと、技術濫用の罠に陥ってしまうからだ。

失敗談を紹介しよう。ビジネスデータの可視化について調査していたチームが、「社員の出身地について日本地図上で分布を表示したい」と言うので、「まあ、やってみたら」と軽く答えた。

社員の入社や退職はさほど頻繁に発生しないので、更新される日本地図は、超難易度の間違い探しのようになってしまった。加えて、その地図データから発見や気づきは何も得られなかった。こうならないように、「使うべきときのみに技術を使おう」と日ごろから周知徹底しておく必要があるのだ。

Uberは、なぜここまで流行ったのか？

ＣＸに寄り添った事例としておなじみなのは、Uberだろう。日本だとUberそのものよりUber Eatsのほうが普及している。Uber Eatsを使ったことがある人も多いはずだ。

デジタルディスラプション（デジタルが既存産業を破壊）の典型事例として紹介されるUberは、ＩＴを使って顧客に喜びと驚きを届けている。Uberを初めて使う人は、ドライバーとのマッチングが完了すると、スマホのUberアプリ上の地図に車のアイコンが表示され、自分のほうに近づいてくる様子がリアルタイムに見えることにまず興奮する。決済もクレジットカードで自動的に行われ、ここでまた「ワオ！」と驚く。

ＤＸで一番重要なことは、デジタル技術そのものに着目するのではなく、それらの技術によって実現できる、いままでにはなかった驚きと喜びに着目することだ。

デジタル技術と体験とが結びつくイメージが持てるなら、アクセルを踏んで進めていき、イメージが持てないのであれば他のアイデアを検討していく。

まず自分がワクワクするかどうかが起点。ある意味、遊びのようなもの。それができるかどうかで、ＤＸの成功度合に雲泥の差が生じるのだ。

ベンチャー企業と老舗企業をつなぐ

「ベンチャーをやってきた小野さんには、やりにくい仕事が多くないですか？」

2013年にアプレッソとセゾン情報システムズが資本業務提携をしてから、私はセゾン情報システムズとアプレッソの仕事とを兼務し始めた。そのときよく質問されたのが冒頭のものだ。

セゾン情報システムズは1970年創業の歴史ある会社だ。当時、会社の規模もアプレッソが社員50人程度だったのに対し、20倍の1000人規模だった。当然、上場企業としてのコンプライアンスやガバナンスが求められてくる。開発チームの中では「ワンストライクアウト（一度の失敗でも許されない）」という言葉が飛び交っており、スピードよりも、「ミスを絶対起こさない慎重さ」こそが美徳とされていた。

歴史ある企業の「強み」とは？

アプレッソで自由にやってきた私は、当初、セゾン情報システムズの動き方になかなかなじめなかった。だが少しすると、アプレッソでとり入れるべき考え方や慣習も少なからずあると感じるようになった。

セゾン情報システムズの主力製品である「HULFT」は日本では約8割のシェアを誇る。とりわけ製造業や金融の分野では圧倒的だ。世界でもこの分野で第3位の売上だ。HULFTの競争力の源泉は圧倒的なシステムの安定性であり、「とにかくHULFTに任せておけば大丈夫」という顧客からの絶対的な信頼感もある。

一方、クラウドやIoTなどデジタル領域の新技術や新製品への迅速な対応は、アプレッソに軍配が上がる。

こうした2つの異なる社風を行き来する中で私がたどり着いたのは、「どちらかを正解にしてはいけない。双方を認めながら、互いに協調することで競争力が圧倒的に高まる」という結論だった。

バイモーダル戦略とは?

2014年にこの話をITコンサルティング会社であるガートナーのアナリストにしたところ、「ガートナーではその考え方を『バイモーダル』と呼び、これからの組織のあり方として位置づけています」というコメントをもらった。

バイモーダルは、2つのモードをうまく活かし合いながら、切磋琢磨していく。

モード1は、失敗が許されない領域に適した安定性重視。

モード2は、時代の変化にいち早く対応するスピード重視。

左図に概要をまとめた。

ただモード1とモード2は根本的に違う考え方なので、組織の中に共存させせると、次のような拒否反応が起きやすい。

モード1支持者:モード2の人たちは、落ち着きがなくチャラチャラしている

モード2支持者:モード1の人たちは、古くさく動きが遅い

2つのモードの「強み」を整理する

	モード1	モード2
性向	安定性重視	速度重視
開発手法	ウォーターフォール	アジャイル
管理部門	IT部門が集中管理	ユーザー部門が分散管理
対象業務	予測可能業務	探索型業務
たとえるなら	武士:領地や報酬を死守	忍者:何が有効なのかを探る
誰のためのもの	運用者（オペレーター）	革新者（イノベーター）
重視すること	効率性、ROI（投資利益率）	新規性、大きなリターン
車の運転で言うと	リスクを抑えて安全運転	スピード重視で運転
経営	トップダウン	ボトムアップ
規模	大規模	小規模
強み	統率力、実行力	機動力、柔軟性

「経済のデジタル化がもたらす企業ITの“バイモーダル”が目指すもの」
（http://japan.zdnet.com/article/35075658/）を参考に作成

一方、それぞれのモードには代えがたい強みがある。

モード1：方針が確定した後の実行力や統率力

モード2：方向性が見えない状況での探索能力や機動力

「俺たちの村を荒らさないでくれ」

互いに強みがありながらも文化的対立が起きやすい両者を共存させるには、双方に敬意を払いつつ、間をとり持ち、調整を行わなければならない。

もちろん簡単なことではなく、とり組みの当初は、直接的、間接的にさまざまな反対意見が聞こえてきた。

「小野さん、多分ね、こんなふうに思っている人が多いんじゃないかと思うんです。『俺たちの村を荒らさないでくれ、俺たちはいままでこのやり方で何年もうまくやってきたんだ。最近になって入ってきた人に何がわかるんだ。そっとしておいてくれ』」

客先に向かう電車内で同僚からそう言われたこともあった。内心、「それはきっとここにいない誰かの気持ちじゃなくて、あなたの気持ちだよね」と思いながらも、「確かにそうなのかもしれませんね」と、さびしく微笑んで相づちを打ったこともあった。相手の立場に立てば、そのように思うほうがむしろ自然だ。

だからこうした意見を「そうですよね。わかります」と受け止めたうえで、反対者も納得してくれる働きかけをする必要がある。

そこで私が考えたのは「現在主流となっているクラウドの世界でも、HULFTは勝てる」ということを社内外に示すことだった。クラウドで使う際のHULFTの利点や採用事例をイベントのプレゼンで丁寧に説明し、同時にクラウド向けの機能強化も行った。

文化の異なる組織が1つになった

変化のきっかけは、2015年にラスベガスで開催されたAWS re:invent（AWS主催のベストプラクティスや最新情報を学ぶための年次カンファレンス）だった。

このときHULFTが「Think Big賞」を受賞したのだ。この年の受賞は9社のみだったので、**「世界数千社中の9社」に選ばれる快挙**を成し遂げたのだ。世界的にも大きなイベントでの受賞だったので、帰国後に「これは本当にいけるかもしれないと、初めて思いました」と、何人もの社員から言われた。

バイモーダル戦略を明確に意識し始めてから2年で、セゾン情報システムズは外部の方から「同じ会社とは思えない」と言われるほどに変化した。

具体的には、次のようなことが起きた。

①メールと書類ベースのやりとりが基本だったが、Slackが導入され、エンジニア、役員、スタッフが自由に意見交換を行うようになった

②スーツ着用が義務づけられていたが、服装に関する規程が廃止され、オフィス全体の雰囲気が柔らかくなった

③部門間の交流がほとんどなかったが、ピザとビールを片手に事業部を超えた交流が行われるようになった

④全員一律の必要最小限の開発機器しか利用できなかったが、デュアルディスプレイやフルフラットになる椅子の試験的導入が始まった

変化したのはセゾン情報システムズだけではなかった。アプレッソでも、モード1のよさをとり入れるべく、HULFTの絶対的な安定性に学ぶ「HULFT品質プロジェクト」が発足した。さらにセゾン情報システムズのモード1的な営業オペレーションが功を奏し、売上、利益ともに過去最高の更新が続いた。

この改革の根底にあったのは、**肩の力を抜いてゆったりと構え、異なる他者を認めていこうとする姿勢**だ。

文化の異なる2つの組織をつなぐには、まず自分の常識に蓋《ふた》をして、相手の常識を受け止める。そして相手のよさを理解するよう努めるしかない。

稟議書の呪縛から逃れる「2つのタイミング」

多くの企業では、大型投資を行うときには稟議を通す必要があり、各種の数値計画やマイルストーン（中間目標地点）を記載しなければならない。

だが、新規性があればあるほど、始めてみないとどうなるかわからない部分が必ず残る。

一番大切なのは「お客さまに心から喜んでもらえるもの」を事業として成立させることだ。稟議書第一で行ってはならない。

だが、軍隊的な色の強い組織であればあるほど、予実（予定に対しての実績）のチェックが厳しく行われる。こんなときどうすればいいのだろうか。

以前、1年ほど前からスタートしていたあるプロジェクトを、途中から私が役員として引き継ぐことになった。すぐにプロジェクトの責任者が現状報告に来たので説明を聞いてみると、予定に対して数字がまったく届いていないという。

責任者は「ここからなんとか巻き返します。稟議書に書いていた通り、下期には施策Aを実施することで数字を一気に上昇させます」とこわばった表情で言っている。

だが、施策Aは、そこまでの過程がうまくいくことを前提に作られたものだ。数字が予定通りにいっていない状況で実施したところで絶対うまくいかない。むしろ、お金をかけたのに効果が出なかったことで、プロジェクトがさらに厳しい状況になるのは火を見るよりも明らかだった。

「ほんとにうまくいくと思ってる？」

そこで、私は責任者に「実際のところどうなんだろう？ ありのままに正直なところを言ってもらってかまわないんだけど、うまくいくと思っている？」と聞いてみた。

すると、「本当のことを言っていいなら、絶対にうまくいかないと思っています。玉砕覚悟で特攻するような気持ちでいました」と返ってきた。

「そうしたらさ、大成功だねって賞賛される結果を出すにはどうしたらいいかを一緒に考えてみようよ。どうやってもうまくいかない、ということなら早いタイミングで撤退する選択肢だってあるかもしれない。始めてみてここまでやってきた中で見えてきたこともあるだろうし、当初の計画にとらわれずにまずは作戦会議をしようよ」

その後、責任者と廊下ですれ違ったときに「ちょっといいですか」と声をかけられた。

「この会社でいままで仕事をしてきて、こんなにも胸がスッキリとした気持ちになったのは初めてです」

その後の会議では、数字の状況はまだ悪いので緊張感はあるものの、みんなすがすがしい表情で参加し、「当初は予定していなかったけれど、これをやればいけるかもしれない」という面白いアイデアがいくつも出てきた。

稟議書を見直す「2つのタイミング」

どうあがいてもうまくいかない。いまのやり方ではダメ。そんなときは一度リセットボタンを押すしかない。そもそも新規プロジェクトはやってみないとわからない部分が必ず残る。稟議書に書いてあろうが何だろうが、当初のプランにしがみついてはいけない。

稟議書から解放されるタイミングは2つある。

①ぜんぜんうまくいっていないとき

ちょっとした未達であれば、改善案を検討し、気合と根性でキャッチアップできる場合もある。だが、根本的にダメなときは潔く考え直したほうがいい。

②外的環境が変わったとき

大型投資をして、減価償却が終わらないうちに業界にイノベーションが起き、その投資が無価値になってしまった。そんなときは損切りをしてでも、方針転換したほうがいい。冷静に考えれば当たり前のことだが、「在庫があるのに他の製品を売るのか！」という指摘をされやすく、これがなかなかできない。

いずれにせよ、**上司に説明する際は「ダメなことを正直に話す」のがポイント**だ。うまくいっていないときほど、少しでもいいデータを報告しがちだ。言いにくいが、本当にダメなときは腹をわって話すしかない。

ちなみに、私は上司に怒られるのが嫌なので、「数字は非常に厳しいです。ですが、秘策が３つあります」と改善策を準備してから報告している。

会社は大きくすべきか？

「会社は大きくすべきか？」と問われたとき、「大きくするほうがいい」と答える人は多いだろう。だが本当にそうだろうか？

経営学用語に**「スパン・オブ・コントロール」**という言葉がある。

これは、マネージャーの担当領域の限界や人員適正範囲を表す。スパン・オブ・コントロールが適正範囲内に収まっていないと、部下の業務把握や心身ケアが十分に行えず、重大事故の予兆も見逃してしまう。

例えば、部下が3～4人のときはそれぞれの状況をよく把握していたマネージャーがいたとする。

しかし部門の統廃合で、一気に部下が十数人に増えてしまい、部下への接し方が雑になり、上層部からの質問にもすぐ答えられなくなった。

これはマネージャーのスパン・オブ・コントロールが適正値を超えてしまった例だ。会社の適正規模を考える際には、このスパン・オブ・コントロールを多義的に考えていく必要がある。

天ぷら屋の経営で考えてみる

２つの天ぷら屋を例に、もう少し具体的に考えてみよう。１つは、職人かたぎの店主が味にこだわる店。もう１つはチェーン店だ。

前者は、揚げ時間のほんの数秒で味に差が出るから、お弟子さんはなかなか揚げる仕事を任せてもらえない。何年も修業し、あるとき「そろそろお前も揚げてみろ」となる。だがおそらく、お弟子さんが何十人になったり、支店がどんどんできていくことはない。こだわり抜いた味を守ることがこの店の存在意義ならば、店主のスパン・オブ・コントロールは数人以内に留めておくのが適正値ということになる。

一方、後者のチェーン店では入りたてのアルバイトも早々に天ぷらを揚げる。こだわりの天ぷら屋はクオリティの高い天ぷらをお客さまに提供することがお店の存在意義となっている。大事なのは規模ではない。

一方でチェーン店は、身近な場所に店を構え、安価で天ぷらを提供することに価値を置いている。そのため、さまざまな地区に店舗をかまえることが大切だし、アルバイトがマニュアル通りに天ぷらを揚げられるようにしないといけない。

チェーン店ではクオリティをある程度に抑えて、スパン・オブ・コントロールの適正値を広めにとっていくための施策が大切だ。

しかしチェーン店でも、規模の拡大ばかりしていったら、次第にアルバイトの倫理レベルが低下してしまうかもしれない。これは、店長の数が足りなくなったり、経営者の言葉が組織の隅々まで届かなくなるスパン・オブ・コントロールの問題だ。

そのときは、「うちのチェーンは、いまのフェーズではここまでにとどめておくべきだ」という判断を下すことだってあるだろう。

「会社が何のために存在しているか」

つまり、会社が何のために存在していて、どんなことを世の中に届けていくことを仕事としているのかがまず大事だ。それによって適正規模が決まってくる。

会社のあるべき姿として「もっと規模を拡大すべき」となった場合にも、スパン・オブ・コントロールの観点から、経営者や幹部、中間管理職、社員の意識やスキルのレベルなどがしっかり保てるかが重要になる。

もし、キャパシティを超えているなら、新たな人材を外部から採用することも検討すべきかもしれない。

あるいは、自分たちの適正規模はここまでだからこれ以上はやめておこうという判断になるかもしれない。

コラム

社内で「健全に」競争する

２００６年の春、開発チームはホットな雰囲気に包まれていた。ある課題について、各自答えを持ちよることになっていたからだ。課題はかなり難しいものだったので、周囲の人と競争するより、「課題をどうやっつけるか」に全員の意識が集中し、エンジニア魂に火がついていた。

最初に、一番の若手で、いつも積極的な技術提案をしてくれるHさんがここぞとばかりに動いた。短期間で洗練された実装を作り上げ、あっという間に回答を提出した。若者ならではのスピード感で、新しいものに積極的にとり組む姿勢が感じられた。最新の手法もふんだんにとり入れられており、「なるほど」と唸《うな》らされるものだった。

次は、熟練エンジニアのYさんが動いた。彼の回答も、本人の長所が表れ、ベテランならではのソースコードが提出された。さまざまな事態が想定されており、Hさんよりやや冗長だったが、安定感・安心感ではYさんのソースコードに軍配が上がった。

それを見て、私も動いた。私は実行速度の速さに徹底的にこだわりつつ、読みやすさも兼ね備えた回答を提出した。他のメンバーも、自分の長所がよく反映されたソースコードを提出した。

結果発表会が行われ、それぞれのこだわりポイントが説明されるたびに歓声がわいた。私たちエンジニアは、ソースコードを見れば日本語で説明されずともすべてがわかる。特に工夫した箇所のソースが画面に映し出されると、それだけでワッと歓声がわいた。発表後はスポーツ選手が互いを称え合うような、尊敬と緊張と喜びに満ちた空気が会議室を満たしていた。

社内で「健全に」競争することは、ルーティーンに流されがちな私たちを、全力を振り絞って最高記録を出そうとするアスリートに変えてくれる効果がある。

もちろん、常に社内で競争していると疲れてしまうが、こうしたとり組みをたまにしてみるのも刺激になる。競合他社との競争の中で生まれてくる創意工夫もあるが、職場の中で切磋琢磨することで生まれてくる高揚感や社員の成長もある。組織が内側から活性化していくのだ。

第3章

「戦略」で自分を磨く

「あなたの強みを教えてください」
この質問に即答できる人がどれだけいるだろうか。
日本ではいまだに
「ジェネラリストとして各部署をまわりながら
出世する」というキャリアモデルが根強くあり、
スペシャリストが生まれにくい。
均質的な組織は相対的に弱体化する。
ここでは現代の成長戦略を考察したい。

「ラストマン
頭角を
あらわせ

「ラストマン戦略」で頭角をあらわせ

「1日でも早く先輩の力になれるようにがんばろう」

新人はこんなふうに考えがちだ。この姿勢は謙虚だし、ある種の美徳と言えるかもしれないが、私の考えは少し違う。

「ラストマン戦略」とは、グループ内で自分が一番になれそうな領域を決め、「あの人がわからないなら、誰に聞いてもわからないよね」という、いわば**最後の砦《とりで》とも言うべきスペシャリストを目指す成長戦略**だ。

「グループ内で一番」というと尻込みするかもしれない。しかし「グループ内」は課や部といった小さい単位でいい。そこでラストマンになれたら、一段大きい組織でのラストマンを目指す。これを繰り返していく。逆に、もし小さなグループでさえラストマンになれなかったら、その領域は向いていなかったということだ。その場合はラストマンを目指す

「ラストマン戦略」の進め方の例

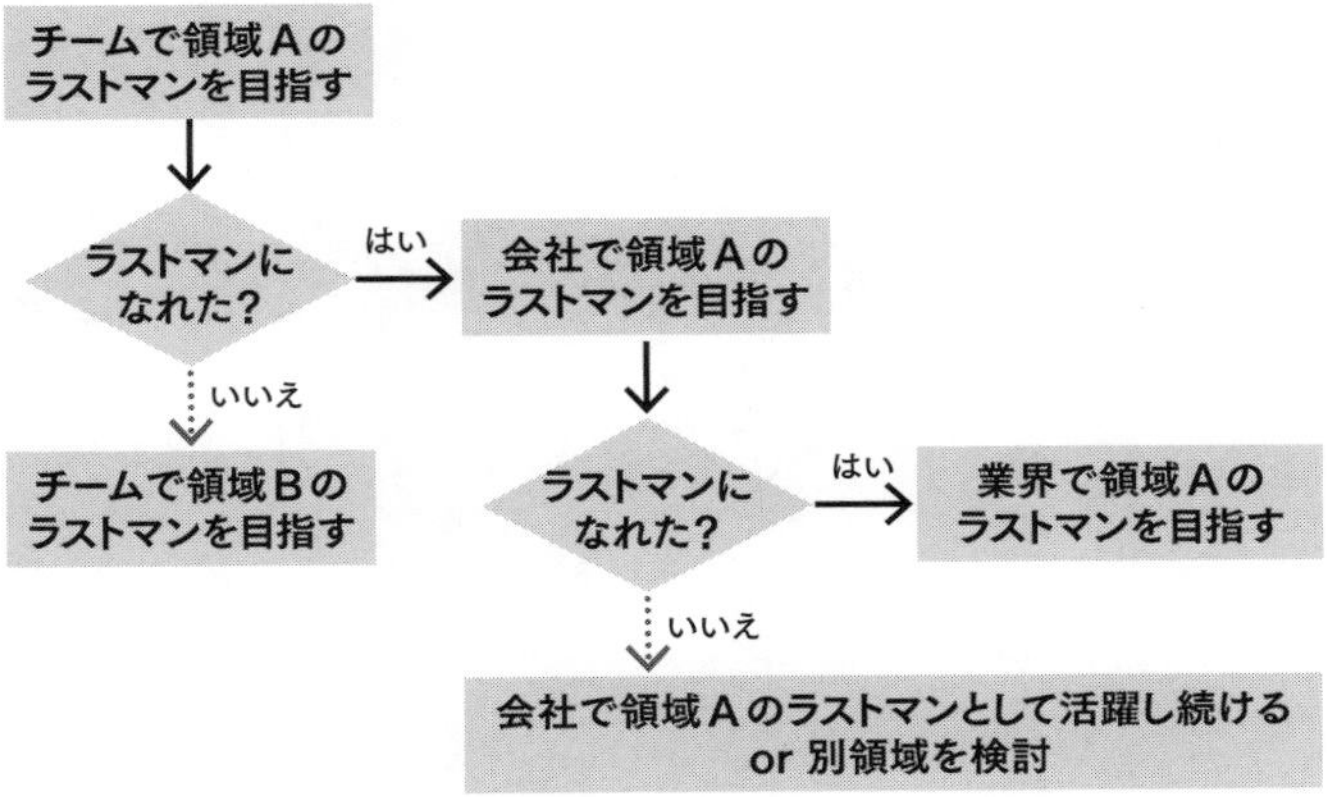

領域を変えていく。

まず私の失敗談を話そう。私が新卒で入った会社はサン・マイクロシステムズ（以下、サン）という外資系企業だ。すばらしい会社だったが、１つ問題があった。プログラミングの仕事ができる会社だと勘違いして入社してしまったのだ。

サンはJavaというプログラミング言語を開発した会社だが、日本におけるサンの仕事の多くは、プログラミングではなく、ハードウェアの販売だったのだ。

いわば、野菜を売りたくて八百屋に入ったはずなのに、実は肉屋に入ってしまったのである。私と同じ勘違いをした人は同期にも何人かいて、私たちの対応は、主に次の３つに分類することができた。

①肉屋に入ったのだから肉屋を目指す
②八百屋への転職活動を開始する
③肉屋の中で野菜についてのナンバーワンを目指す

一番多かったのは①だ。入社当時、プログラミングについて熱く語り合った同期の多くは、いまではハードウェアのスペシャリストとして活躍している。

一方でラストマン戦略とは、③の「肉屋の中で野菜についてのナンバーワンを目指す」ことだ。

肉屋の中で、野菜のエキスパートになる

売ろうとしていたくらいなので、野菜については肉より詳しく、そして情熱がある。肉屋の中で「野菜について聞きたければこいつに聞け」と言われる状態に持っていくのは比

較的簡単だ。

とはいえ、あくまでも「比較的」簡単なだけであり、組織の中でトップになるのはなかなか難しい。私の場合、「肉屋の中の野菜のラストマン」を目指してみてわかったのは、肉屋の中にも野菜に詳しい人がたくさんいるということだ。

だから私は、「野菜についてのラストマン」ではなく、「白菜についてのラストマン」、あるいは「京人参についてのラストマン」という、**より細分化された分野でのラストマンを目指す**ことにした。

プログラミング全般で社内のラストマンになるのは難しそうだったので、大学時代から野村総合研究所のアルバイトで使い込んでいたXMLという分野でラストマンを目指すことにした。正式な仕様が決まったばかりで、**社内に詳しい人がほとんどいなかった**からだ。

上司や環境に恵まれたこともあり、約半年後、私は白菜のスペシャリスト（XMLに詳しいエンジニア）として、シリコンバレーにあるサン本社で仕事をする機会を得ることができた。

その後、アプレッソを立ち上げたときやセゾン情報システムズでテクノベーションセンターを立ち上げたときにも、私はチームメンバーにラストマン戦略を説明した。チームで磨くべきスキルを一覧表にして、誰がどの分野のラストマンを担当するのかを話し合って決めるようにしていた。

ラストマン戦略の4つのメリット

入社したばかりの新人であっても、チームに転属したばかりの人でも、ラストマンを目指すとなると周囲から頼られる。だから、「すみません、ちょっと調べてみましたが、わかりませんでした」と簡単には言わなくなった。

次第にインターネットで調べてもわからないことを自分で解決するようになった。こうした姿勢の変化が、その人のレベルを引き上げていくだけでなく、チーム全体のレベルを引き上げていく効果もあるのだ。

ラストマン戦略には、次の4つのメリットがある。

①最初の目標が低いので実現できそうな期待が持てる
②低い目標でさえ実現できない場合は早めに方針転換できる

③目標が段階的に高くなっていくため、自信をつけながらストレスが少ない形で成長していくことができる
④新人であっても周囲の人たちから頼られ、自らも「このテーマは自分がラストマンなのだ」と誇りを持って仕事にとり組むことができる

自分自身の成長戦略、あるいはチームメンバーの育成戦略に思い悩んでいる人がいたら、ラストマン戦略を活用できないか検討してみてほしい。

「遊び人」が賢者になる日

国産RPGの金字塔『ドラゴンクエストⅢ』には「遊び人」という職業があり、レベル20まで育てると、「賢者」に転職することができる。子どもの頃は「なぜ遊び人が急に賢者になれるのだろう？」と疑問に思ったものだ。だが大人になって考えてみると、このシステムは極めて示唆に富んでいるように思える。というのも、現代においては、**「遊び」を極めることで賢者への道が開けることが往々にしてある**からだ。

例えば、iPhoneの発明などで知られるAppleのスティーブ・ジョブズには有名な逸話がある。スティーブ・ジョブズは大学時代、学校に通い続けることに意味を見いだせなくなり、退学を決めた。そこからは必修科目ではなく、興味のある授業にだけ潜り込むようになった。

そこで出合ったものの1つが「カリグラフ」。文字の形状の美しさに関する学問だ。当時は何の役に立つとも思えなかった経験が、後に「美しいフォントを持つコンピューター」であるマッキントッシュの誕生につながったのである。

スティーブ・ジョブズは、スタンフォード大学卒業祝賀スピーチにおいて次のように話し、このカリグラフの事例のように、「役に立つようには思えない」ことが将来へつながっていく様子を"Connecting the dots"（点と点をつなぐ）と言った。

もちろん当時は、これがいずれ何かの役に立つとは考えもしなかった。ところが10年後、最初のマッキントッシュを設計していたとき、カリグラフの知識が急によみがえってきたのです。そして、その知識をすべて、マックに注ぎ込みました。美しいフォントを持つ最初のコンピューターの誕生です。もし大学であの講義がなかったら、マックには多様なフォントや字間調整機能も入っていなかったでしょう。ウィンドウズはマックをコピーしただけなので、パソコンにこうした機能が盛り込まれることもなかったでしょう。もし私が退学を決心していなかったら、あのカリグラフの講義に潜り込むことはなかったし、パソコンが現在のようなすばらしいフォントを備えることもなかった。もちろん、当時は先々のために点と点をつなげる意識などありませんでした。しかし、いまふり返ると、将来役立つことを大学でしっかり学んでいたわけです。
繰り返しですが、将来をあらかじめ見据えて、点と点をつなぎあわせることなどできません。できるのは、後からつなぎ合わせることだけです。だから、我々はいまやっていることがいずれ人生のどこかでつながって実を結ぶだろうと信じるしかない。運命、カルマ…、何にせよ我々は何かを信じないとやっていけないのです。私はこのやり方で後悔したことはありません。むしろ、今になって大きな差をもたらしてくれたと思います。

（『日本経済新聞』２０１１年10月9日『「ハングリーであれ。愚か者であれ」ジョブズ氏スピーチ全訳』）より抜粋
https://www.nikkei.com/article/DGXZZO35455660Y1A001C1000000/

この話は極めて示唆的だ。**「役に立つように思えなかった何か」に没頭したことが、ある日、自分のとり組むべき仕事に直結し、それがイノベーションにつながる。**

だが、とり組んでいるときは何も見えない。没頭してとり組んだすべてが、何かに必ずつながるわけではない。

しかし、こうした引き出しを持っているかどうかで人生は違うものになってくる。

「役に立つかどうか」だけで物事を判断すると、すでに役立つことが証明されていることにしか時間を使わなくなる。

だが、「役立つ」ことが明らかになってからでは遅すぎる。「役立つ」ことが証明されている分野では激しい競争が起きるからだ。

受験勉強とプログラミング、「役立つ」のは？

私たちの世代には「子どもの頃から家にパソコンがあった」という人が一定数いる。私もその１人だ。学生時代、机に向かい、受験勉強という「役に立つ」と思われていることにとり組むと、ほめられるしテストの点数も上がった。だが、そこで学んだことの多くは社会に出てからはあまり役に立たなかった。

一方、家のパソコンでやっていたプログラミングは、役に立つとは到底思えなかったが、とことんのめり込んでいった。

まだ若く、ほとんど何もない中で起業しようと思えたのもプログラミングを昔からやっていたからだ。プログラミングと経営の双方に長い期間携わってきていることは、経営者としての私の強みに直結している。

役に立つことが証明されていないものはしばしば「遊び」と言われる。

しかし役に立つものであろうがなかろうが、夢中でとり組んだものは、その人のユニークさにつながる。

とり組む対象が「遊び」要素の強いものであればあるほど、夢中度が高ければ高いほど、その行きついた先にある「点」はユニークで交換不可能なものになりやすい。

「遊び人」は常に「賢者」になれる可能性を秘めているのだ。

「臆病者」の私が24歳で起業した理由

「社長として来てほしい。10億円用意する。技術を使って、何か新しいプロダクトを作ってほしい」

サン・マイクロシステムズに入社して、1年3か月ほど経ったとき、私は知人の紹介であるエンジェル投資家と出会った。彼はベンチャーの立ち上げを画策していて、技術者を探していた。そんな彼から、三度ほどの面談の後に言われたのがこの言葉だった。

当時、私はアメリカで仕事をしていたときの上司から「これから起業するので、CTOとして来てほしい」と誘われていた。そこで、サン本社の仕事と、新しい会社のCTOの仕事を並行してやるつもりでいた。安定感のあるサンと、これから始まるベンチャー企業。両方で成果を出せば、着実なステップアップになると考えていた。

「自分はただ単に、リスクをとることを求めたんだ」

そんなとき、先のエンジェル投資家からの依頼で、シリコンバレーでアロンゾ・エリスという、ベンチャー企業のCTOと面会することになった。

彼は以前、シティバンクのシティダイレクト（Webベースのオンラインバンキングシステム）の開発に携わっており、将来を約束された道に進むこともできた。しかし現在は、できたばかりのベンチャー企業のCTOを務めているという。彼とは、プログラミング談義からアメリカの食事情まで、いろいろな話をしたのだが、一番印象に残ったのは彼のキャリア選択だ。

「ベンチャー企業のCTOになる以外に、もっと将来が確実に約束された道を進むこともできた。だがあえてこの道を選んだし、ときどき『別の道を選んだほうがよかったのかも』と悩むこともあるけれど、結局、いまここにいていいんだ、という結論になるんだ」

そしてその理由を彼は「自分はただ単に、リスクをとることを求めたんだ」（I just wanted to take risks.）と説明した。

当時23歳で「これから着実にキャリアを積んでいこう」と安全志向だった私にとって、アロンゾの話は衝撃的で、「自分はなんて小さなことを考えていたのだろう」と決まりが悪かった。アロンゾとの会話からひと月ほどが経ち、大学時代からの親友に相談する中で、1つのイメージができあがりつつあった。

それは、「砂漠のたとえ」とでも言うべきものだった。

無謀者、冒険者、臆病者の違い

例えばある人が砂漠にいたとしよう。3つのパターンが考えられる。

1つ目は、「俺なら行ける」と考えてやみくもに歩いて死んでしまう無謀者。

2つ目は、まずは水を確保しようとオアシスを求め、オアシスで必要な水を汲んだらまた歩き出す冒険者。

3つ目は、同じようにオアシスに着いたものの、「まだ水が足りないかもしれない」と不安になって水を汲み続ける臆病者。

当時の私は、経営の経験どころか、部下を持った経験すらなかった。営業もしたことがなかった。その意味では完全に無謀者だ。

だが、プログラミングについては、本場アメリカで仕事をして、上司からも評価され、「起業するからCTOをやってほしい」とも言われている。

アロンゾが冒険者なら、自分は水筒からすでに水がこぼれているのに、なおもまだ水を汲み続ける臆病者だ。プログラミングについてだけ言えば、オアシスから歩き出すことも許されるのではないか。徐々にそう考えるようになった。

悩んだ末、私は投資家の提案を受け、アプレッソでデータ連携ソフト「DataSpider」の企画と開発を始めた。24歳の秋のことだった。

足りないものだらけだったという意味では無謀者だったが、無事製品が完成して事業が軌道に乗り、その後も成長を続けていることを考えると、冒険者のほうにギリギリ入っていたのかもしれない。

「臆病」を自覚するのは難しい

起業でなくとも、何か新しいことに踏み出すかどうか迷ったとき、この無謀者、冒険者、臆病者のどこかに自分を分類できるはずだ。

一見すると無謀者でも、実は冒険者だったということもある。私にとってプログラミングがそうであったように、突き抜けてユニークなスキル・能力は、個人の可能性を大きく広げてくれる。

また、臆病者であることを自覚するのは難しい。本当は水が水筒から溢れていても、自分では気づかないものだ。**習慣を変えることが怖くて、無意識に水が溢れていることから目をそらしやすい。**

もし、何かに踏み出そうかどうか迷っている人がいたら、まさにそんな人にこそ、アロンゾの話と、「砂漠のたとえ」の話をお届けしたい。

「最強のワンオブゼム」になるな

日本の教育は「やらなければいけないこと」を重視している。

私が子どもの頃はもちろん、現代でもそれは変わらない。

遅刻欠席せず毎日学校に行く。仲間と協力して当番をしっかりこなす。名前を呼ばれたら元気よく返事をして、授業をちゃんと聞く。忘れ物をせず、連絡帳をきちんと親に届ける。帰宅したら宿題を済ませる。就寝時間は遅くなりすぎないようにする。

学校で決められたことができていないと通知表によくない評価がつき、保護者面談のときに指摘される。最近では「カウンセラーをつけたほうがいいのでは？」と提案されることもあるという。

中学、高校に進むと受験勉強が本格的に始まる。この頃、趣味なり遊びなりにもっと時間をかけたかったのに断念した人も多いはずだ。

心惹かれてやまない領域にもっと多くの時間をかけていれば、後にそれがその人のユニークさを形作るかもしれない。しかし、「やらなければいけないこと」の重圧がその可能性を押しつぶしてしまう。

「平凡」人間を生み出す2つの要素

さらに問題が2つある。**「満点」と「マニュアル」**の存在だ。

現実世界には「満点」などない。どこまで行っても探求すべき領域があり、ある程度のところまでたどり着いたと思ってもさらに上を行く人がいる。それに試験や資格は「このレベルのことは理解している」という最低限の能力の証明にすぎないのだ。

そして試験で満点をとらせるために、「マニュアル（教科書）」を読ませ、そこに記載されている手順通りに学習を進める。これを小中高あわせて12年間も行うのだ。

受験もやっかいだ。得意科目は模試で満点がとれているが、他の必須科目に苦手なものがあるとする。すると、得意科目をさらに伸ばすより、苦手科目を克服することに気が向きやすい。それが受験に合格する合理的な選択だからだ。

すると必然的に、多くの人の能力や特性のレーダーチャートが似たような形になっていく。「誰もがワンオブゼム」になりやすいのだ。そして大人になってからも「型」から外れずに生きていると、努力している人や器用な人であっても、みなと似た最強の人、つまり「最強のワンオブゼム」になってしまいやすいのだ。

もちろんよい側面もある。「すべてがからっきしダメな人」は生まれにくく、多くの人に一定の教養や能力を期待することができる。

ジェネラリストとして各部署を回りながら出世していくローテーションモデルとの親和性も高い。「成功パターンが確立しているので、後進にしっかり伝えることが重要」という時代なら、ベストモデルなのかもしれない。

だがいまは、**突出した特性や技能を持つ人同士が互いに補い合いながら強いチームを作っていく時代**だ。均質的な組織は相対的に弱体化する。

あなたが明日からすべき2つのこと

もちろん「最強のワンオブゼム」が身近にいることでこの上なく頼もしく感じるシチュ

エーションもある。だから価値がないと言っているわけではない。

だが何も言わなければ全員が「最強のワンオブゼム」を目指してしまう。

だからあえてこう言いたいのだ。

「最強のワンオブゼムになるな」

そのためにすべきことは次の2つだ。

①組織内で「満点」を目指すのをやめる

すべての要素について満点を目指すのをやめよう。代わりに、特定分野では満点のさらに上を目指していく。つまり、自分ならではの能力のレーダーチャートのあり方を模索していく。

②マニュアルにとらわれず、むしろマニュアルがないことにこそとり組む

手順書や先輩の指導といった「マニュアル」がない分野は、まだ「満点」の概念が確立していない。だから何をやっても満点以上になる。誰よりも早くとり組んだ人が、後の第一人者になる。

エンジニア風林火山

変化の激しいベンチャーに身をおいてきたので、社内外のいろいろなタイプのエンジニアと仕事をしてきた。

その中でも、とりわけ思い出に残るエンジニアが何人かいる。ある1人のエンジニアがメンバーに加わることで、プロジェクトの状況が一変することも多々あるのだ。

三国志には、たった1人で戦況を一変させてしまう一騎当千の猛将が登場する。伝説の人物さながらに、1人で並みいる敵（課題）を一網打尽に蹴散らし、プロジェクトを一変させてしまう。そんな伝説的なエンジニアは現代にも実在する。

彼ら彼女らの持っている特性を分類していくと、きれいに「風林火山」に分類できた。次ページの図を見てほしい。

傾向として、風と火の要素は1人のエンジニアの中に共存しやすく、林と山の要素も同

エンジニア風林火山

風のエンジニア	林のエンジニア
迅速な設計／実装によってチームを加速させる。風のエンジニアがいない開発チームでは、他に先駆けて新製品やサービスをリリースすることが困難になる。	突発的なトラブルが発生しても冷静に対処し、チームに「乱れぬペース」を提供する。林のエンジニアがいない開発チームでは、トラブル発生時に的確な判断を行えず、混乱に陥りやすい。

火のエンジニア	山のエンジニア
新しい技術／方法／ツールの積極的な導入によって、チームやその成果物の競争力を高める。火のエンジニアがいない開発チームでは、イノベーションが起こりにくい。	厳密なエラーチェックと堅牢なプログラミングによって成果物の安定性を高める。山のエンジニアがいない開発チームでは、常に品質の低さに起因する不安にさいなまれる。

様である。風または火のエンジニアに足りないものを、林または山のエンジニアは補ってくれることが多い。

そして、どんなスターエンジニアでも、これらすべての要素において人より優れた「オールマイティーなエンジニア」になることはとても難しい。

例えば私の場合、昔から風の要素を最重視する傾向があり、速く美しくコードを書くことに重きをおきがちだ。経営者としても仕事をしてきたので、林の要素も苦手ではなくなっているが、山の要素についてはいまでも人に頼りがちだ。

他人の優れた能力に目を向ける

エンジニアという仕事ひとつとっても、**能力や優秀さは単一軸で表現できるものではなく、さまざまな種類のものがある。**それらすべてについて満点の人などまずいない。

どんなことでもそうだが、自分と同種の能力について秀でた人を尊敬することはできても、異なる能力に対しては適切に評価できないことがある。

例えば、火のエンジニアは、より激しく燃え盛る火のエンジニアに対しては惜しみない尊敬の念を抱きやすい。その反面、自分たちが作り上げたものの品質を支えてくれる山のエンジニアに対する関心は低いケースが多々ある。

私が、自分と異なるタイプのエンジニアの偉大さを感じるようになったのは、一緒に開発を進めていく中で何度も助けられたからだ。

例えば、製品のリリース直前に、山のエンジニアが「いくつかの条件が同時に成立したときのみに発生する」複雑なバグを見つけてくれたときなどがそうだ。

また、火のエンジニアの「世の中的には早すぎるくらいの意欲的な提案」によって、社内の生産性が劇的に上がったときもそうだ。当初、「やりすぎなんじゃないか？」と思っていた私は大いに反省した。

スキル・能力の持ち方や磨き方には、人それぞれ自分に合った形がある。**自分の強みを客観視し、他人の優れた能力からとり入れるべきものはとり入れる。**そして、目指すべき成長の形を模索し続けていこう。

「キレる」スーパーゲーマーが教えてくれたこと

「俺、今日はキレないようにします」

かつて私はとあるスーパーゲーマーと一緒にネットゲーム、WoWの3on3アリーナ（3対3の対人戦）のチームを組んでいた。

そんな彼の忘れられないひと言が冒頭の台詞である。熟練の彼と、新参者の私には歴然とした差があった。いつも私は教えられてばかりで、そして彼は割とよくキレた。

当時、優勝賞金2000万円の世界大会が開催されており、いわゆるeスポーツのプロゲーマーたちがしのぎを削る世界だった。

私とのレベル差があまりにも大きいため、彼は対戦中であってもよくキレた。勝っているときはいいのだが、負けが続くとみるみる機嫌が悪くなる。さらにはキレたり、イヤミを言ったりする。

例えば私が試合でミスをすると、「小野さんさぁ、このミス初めてじゃないよね？　学習って言葉を知っていますか？　ちゃんと試合の動画を見直してます？」といった発言が飛んでくるようになる。

そんな彼が「キレないようにします」と言ったのは、このチームでキレ癖がついてしまったからだ。互いに高レベルで尊重し合っていたはずの他チームでもよくキレるようになってしまい、改めようと思ったからだと言う。

私は彼がキレることについて、毎回萎縮《いしゅく》こそするものの、嫌だと思ったことはなかった。冒頭の発言に対しても「いや、まったく問題ないので、今日も存分にキレてください」と返した。このように相手がキレてもまったく嫌な気分にならないケースについては一考の価値がある。

第一に、**彼がキレる理由は明白だ。高みを目指しているから**である。

事実、飽くなき探求心と練習、才能とで彼が身につけた状況判断能力や立ち回りの技術には目を見張るものがあった。チームに誘ってくれたときに彼が言った言葉は、「一緒に上を目指しましょう」だった。

にもかかわらず、私は彼の足もとにも及ばないところでもたもたしている。

ここで、「相手は初心者なんだし、このくらいのものだろう」と割り切る人もいるのだろう。しかし彼は妥協しない人だった。自分に楽々とできるこの程度のことがなぜできないのかと腹を立てる。対戦プレイの動画を撮って問題の箇所を指摘し、なぜこんな失敗をしたのかと問いただす。

彼が最初にキレたとき、「ああ、これは幾度となく見てきた光景だ」と思った。私がデジャブだと感じたのは、キレるスーパープログラマーたちのことである。

キレるスーパープログラマーの思考回路

優れたプログラマーの中には、もちろん性格が温和で人当たりのよい人もいるが、キレやすいスーパープログラマーも相当数存在する。

例えば、常に向上心が強く最新のフレームワークやライブラリ（ソフトウェア開発に利用する枠組みや部品のようなもの）をウォッチしているエンジニアはその典型だ。最新動向に驚くほど詳しく、なぜその機能が求められているかを熟知している。そんなエンジニアの中には、少しでも古い技術を使っていると、「いまだにこんな古いものを使っている会社はうちくらいですよ」とキレ気味に言う人がいる（最新版が出たのがたった2週間前だとしても）。

会社で使っている勤怠管理のソフトウェアが古臭く、気に食わないので退職することにしたという話もエンジニア界隈では珍しくない。「昨日、会社経営の本を読みました。うちの会社のビジョン、イマイチだなって思ったので、僕のほうで直しておきました」と、社内wikiの会社ビジョンを勝手に書き換えた人もいる。

キレるスーパープログラマーについても、キレる理由は明白だ。高みを目指しているからである。理想を高く持っているので、目の前の現実とにギャップを感じると、もどかしさを感じてキレる。

もちろん、キレることはあまり望ましい行為ではない。

だが、もしキレる原因がここに書いたような「高みを目指す情熱に根差したもの」なら、その人のキレ気味な発言やしぐさは、情熱ゆえの熱暴走なのだ。

彼らの意見に真摯に耳を傾け、チームをより高みに近づける行為は、「温和な空気を保ち続ける」ことよりも大切なケースが多々ある。

「こんなもんでいいや」
「普通ここまでだろう」
「これ以上はやりすぎ、リスクがある」

こう思いがちな自分自身やチームをより高い次元に引き上げてくれる原動力になるかもしれないのだ。

単にキレやすい人かどうかの見極め方

もちろん、単純に本人がテンパりやすく、そしてカッとなりやすいためにキレることもある。単にキレやすい人なのか、情熱や目標の高さゆえにキレやすいのか。

その見極めは簡単だ。

その人の理想とする状態について聞けばいい。

目を輝かせて夢を語る人であれば目標が高い人だ。その質問自体にイライラし始める人であれば、単にキレやすい人だ。

戦略的に「見せ場」を作る

意図的に、そして戦略的に仕事の中で「見せ場」を作ろう。

例えば、上司の指示で資料をまとめることになったとする。普通にやれば1か月くらいかかる資料を、ここぞとばかり全力で集中して終わらせる。もし3日か4日で驚くようなクオリティで完成させることができたらどうだろう。上司はアッと驚き、あなたを見る目も変わるはずだ。

こうした「見せ場」を作ることとは、自らを「ユニークな力を持つ人」に育てていくことそのものだと言える。**「見せ場」を作るとは、言い換えれば「普通ではない成果を出すこと」**だからだ。

ちょっとしたことでも全力でとり組んで、相手の期待を上まわる成果を出す。こうした努力の積み重ねの結果、いつの間にか人より抜きん出た能力が身についていく。

「見せ場」は、自分が見せられる側になると、これ以上なく頼もしく感じられるものでもある。「解決の方法が見つからないね……」とチームが暗い空気に包まれる中、「夕方まで時間をください」と言ってものすごい集中力で解決案をまとめてしまったエンジニア。たった2泊の短い期間の開発合宿で、成果物のソフトウェアをゼロから作り上げるだけでなく、音楽つきの完成度の高い紹介動画まで作って周囲をアッと言わせた同僚。

こうした「見せ場」のひとつひとつがその人の能力を高めていく。それを**習慣化し、繰り返していくことで、抜きん出た能力になっていく**のである。

信頼残高が増えていく

「見せ場」を作ることが習慣化されていくと、些細なことでもひとつひとつに丁寧にとり組むようになる。それ自体が、その人の信頼の積み上げや、弱点の克服につながっていく。本当にごく些細なことでいいのだ。

会議で最初に発言すること。

メールを受けとったら即レスを心がけること。

本当に何でもいい。惰性で仕事をするのではなく、「見せ場を作る」意識でやり続ければ、周囲の見る目も必ず変わる。

ときどき社内外で「思うように会社で認めてもらえない」という悩みを聞く。そして話を聞いてみると、**「社内での信頼の積み上げ」が十分ではなく、そのためにせっかく光るものを持っていてもその長所が評価してもらえていないケースが多い。**

例えば、技術力があるという前評判がいくらあっても、デモンストレーションで何回か失敗すると、「技術力がある」ではなく、「よく失敗する人」という印象が強くなる。明らかに手を抜いたと思われることが続いた場合にも同様だろう。

逆に、打ち合わせやちょっとした発表の際にも、丁寧に仕事をして、ハッとする何かを用意する人は、ひとつひとつの機会で「見せ場」を作り、着実に「信頼の積み上げ」をさらに厚みのあるものにしていくのだ。

コラム

人が人を育てるなんて、おこがましい

大前提として「人が人を育てる」という発想は少しおこがましい。

人が人を育てるのではない。

人ができるのは「人が育つ環境を用意すること」だけだ。

一番ダメなのは「俺はこうやって成長したから、お前も同じようにすれば俺と同じようになれる」とアドバイスすること。性格もキャリアも異なる個人が、異なる環境の中で仕事をしているのだ。同じやり方で育つと考えるのは間違っている。

自分が成功したやり方を部下に強要すると、合わない人は離れていき、育つのは同じような人ばかり。多様性に乏しく、かつ、変化に弱いチームができ上がってしまう。

守破離の「守」に該当する基礎訓練は必要だ。だが、「それぞれの特性を活かして成長していく」領域では、誰にでも効く有効なやり方は存在しない。

新卒でサン・マイクロシステムズに入社したときのことだ。部門への配属当初、先輩から「俺がやっている仕事（製品のデモ）を一部担当してほしい」と言われたことがあったが、それは私のやりたい仕事ではなかった。

そこで私は、当時まだ社内で誰も専門的にはとり組んでいなかったXMLという領域で社内一詳しい人（ラストマン）を目指すことにした。先輩から頼まれた仕事を終えた後、会社に残って勉強することから始めたのだ。XML関連の技術調査やプログラミングはとても楽しく、いつしか周囲から「XMLに関する活動をもっとやってほしい」と言ってもらえるようになった。全社向けのXMLの勉強会も開くようになり、「XMLなら小野」というイメージを持ってもらうことができた。その結果、入社当初から希望していたシリコンバレー本社での仕事の機会を得ることができたのだ。

仕事の進め方は、できるだけ本人に任せたほうが成長は早い。もちろん、先輩諸氏から見て明らかに脱線しているときもあるだろう。そんなときは「そっちじゃなくて、こっち」と声をかけてあげる。それだけでいいのだ。

第4章

リスト」を生産性を上げる

仕事の生産性は足し算ではなく引き算で決まる。
「何をやるか」より「何をやらないか」を明確にすべきだ。
惰性で続けている仕事、無意味な定例会議はないか。
時代の変化に合わせて、
仕事を常にアップデートしていこう。
何かを得るには、何かを手放さなければならない。

「To Stop
いますぐ
作る

「To Stopリスト」をいますぐ作る

日々の仕事や生活の中で「やること」を忘れないようTo Doリストをつけている人は多い。だが「やめること」はどうだろうか。日々のタスクを少しでも減らすことが、時間なりコストなり、何かを新しく始めるための余力を生み出す。

To Stopリストには「やるべきと思われているが、実は不要な仕事」が入る。いつ、どんなときに仕事を見直し、リストを作ればいいのだろうか。

To Stopリストを作る「3つのタイミング」

①何かを新しく始めるとき

何かを新しく始めれば、時間と労力が割かれる。To Stopリストを作る絶好の機会だ。

何かをやめれば、必ず影響を受ける人が出てくる。「やめたらどんな影響があるか」を頭の中でシミュレーションしたうえで、思い切って関係者に聞いてみよう。

②忙しすぎて業務がまわらなくなってきているとき

忙しすぎるときこそ、その原因となっている「日々の業務」の見直しをすべきだ。だが忙しいときほど「そんな時間はない」というモードになりやすい。結果、忙しさからずっと抜け出せない状態になる。業務がまわらなくなってきているときこそ To Stopリストを作成するべきタイミングだ。

③非効率な仕事が増えてきているとき

もっと効率よくできそうなのに、ずっと見直せずにいる仕事はないだろうか。あるいは、何年も前に確立された仕事がずっとそのまま続いている場合も、To Stopリストを作り、業務を整理するタイミングにあると言えるだろう。

では、具体的に何をやめるべきか。例えば次のようなものだ。

To Stopリストに加える「5つのこと」

①定例会議

定例会議の必要性や頻度を見直そう。試しにやめてみて、特に支障がない会議は大幅に頻度を落とす、もしくは完全にやめてしまおう。

②引き継がれた業務

引き継ぎを受けた業務で、いままでのやり方をずっと踏襲していたものについては、今後もそのままでいいのかどうかを見直そう。

③手作業のデータ集計・資料作成業務

日次、週次、月次でデータ集計して関係部署や上長に報告している内容の中に、実はさほど必要なかったものはないだろうか。また、実は自動化する手立てがあり、手作業でやらずに済むものはないだろうか。

④社内向けに提供しているシステムやサービスで利用者の少ないもの

使っている人がいる限りなかなかやめにくいものだ。だが、利用者が少ないのであれば、時間とコストをかけて続けていくのかを検討すべきだ。

⑤事故の再発防止策を重ねた結果、慎重になりすぎている仕事

事故が何度か続くと、「原因究明のうえで再発防止策を講じるべし」となり、慎重に慎重を重ねて過剰なまでにチェックを行うルールになりがちだ。もちろん事故は防ぐべきだが、こうした種類のルールも見直しの対象になる。

仕事だけではなく私生活でもTo Stopリストは活躍する。なんとなくダラダラ続けて時間やお金を使ってしまっていることはないだろうか。試しに一度やめてみよう。大きな問題がなければ、やめることを習慣化していこう。

「繰り返し処理」を攻略せよ——プログラマー的発想法

プログラマーの仕事には**「パフォーマンスチューニング」**がある。これは、ソフトウェアの動作が遅くなる原因を調査し、課題をとり除いていく作業だ。

このパフォーマンスチューニングにとり組むとき、真っ先に注目しなければならないのが「繰り返し処理」だ。

例えば、Excelのシートやデータベースのテーブルのような表形式のデータを1件ずつ処理していく場合で考えてみよう。

縦の行数と横の列数とのかけ算の回数分繰り返し処理が行われる。仮にこの件数が縦に10万行、横に10列だとすると計100万回の処理が行われる。この**100万回の「繰り返し処理」をたった1ミリ秒（1000分の1秒）でも速くできれば、全体の処理時間は16分も短くなる。**

こうした「繰り返しの力」を日々目の当たりにしている私たちプログラマーからすると、人生はパフォーマンスチューニングの余地に満ち溢れているように見える。

人生の「繰り返し処理」は、効率化だけではなく、その人がその人らしく生きていく可能性を極大化するポテンシャルを秘めている。

毎日の「繰り返し」を効率化する

人生における「繰り返し処理」とはいったい何か。月次のもの、週次のもの、日次のものがあるが、まずは日次を分解してみよう。

例えば電車やバスで会社に通勤している人であれば、往路と復路とで1日2回の繰り返し処理がある。食事だって1日に3回ある。休憩をとることやトイレに立ち上がることも繰り返し処理だ。

さらに、より高頻度のものとして、日本語の漢字変換がある。取引先や同僚の名前ですぐに変換できないものがあると厄介だ。毎回別の単語を入れ、一部分を消してまた別の単語を入れて……などの作業を毎回やるのは非効率極まりない。いますぐ、その人の名前を辞書登録したほうがいい。

「いつもお世話になっております」「お疲れさまです」「以上、よろしくお願いいたします」といった定型文も短い言葉で変換できるように辞書登録しておこう。作業の手間を大幅に削減できる。

パソコンのスペックがあまりよくなく、待ち時間が頻繁に発生してはいないだろうか。「待ち時間×待った回数分」で考えれば、かなりのロスだ。すぐにパソコンを新調しよう。

マウスやキーボードのコードが絡まってそれをしょっちゅう直しているなら、ワイヤレスマウスやワイヤレスキーボードの導入を検討しよう。

毎日の通勤時間が片道1時間かかるなら、その時間を「自分が興味を持っていること」の勉強に充てよう。月に20日出勤するとすれば、年間480時間になる。それだけの時間があれば、その人なりのユニークな知識が身につくはずだ。

マイナス効果に注意!

繰り返し回数が多ければ多いほど、かけ算の効果がある。裏返して言うと、繰り返し回数の多い処理が少し遅くなるだけで、かけ算分のマイナス効果があるのだ。

転職したとき、PC環境やメーラー・スケジュールソフトが変わって、「生産性が落ちた」と感じたことはないだろうか。セキュリティーが強すぎて、何かするたびに8桁以上のパスワードを毎回入力しなければならず、効率が悪い。そんな話もよく聞く。

IT部門にこの不便さを訴え、「そんなに困りますか？」とキョトンとされたら、彼らは「繰り返しの力」を認識していないことになる。**Slackのようなコミュニケーションツールの使い勝手が重要なのは、「繰り返し」の回数が極端に多いから**だ。

攻略すべきは「繰り返し処理」である。

効率化も、非効率化も、「繰り返し処理」の扱い方で決まるのだ。

人は「見られる」と生産性が上がる

プログラミングの世界には「ペアプログラミング」という開発手法がある。2人で1つのプログラミングにとり組むやり方だ。他の職種でもペアで仕事をすることはあるだろう。プログラミングの事例を通じて、「ペアでの仕事がなぜ生産性向上につながるか」について、実体験を踏まえながら考察したい。

人は「見られる」とカッコつける

女優は人に見られてさらに美しくなるという。同様に、プログラマーは人に見られるとさらに美しいコードを書こうとする。誰かが見ている前で、行き詰まって悶々《もんもん》としている姿なんて見せたくないのだ。誰よりも早く、そして美しく、魔法のようにソフトウェアを作り上げていく自分の姿を見せたくてウズウズしている。

だからペアプログラミングをすると「一般的にはこういう書き方ですが、気になっている別の方法があって。それで少しやってみましょうか」「へぇ、そんなやり方があるんですか。それは試してみる価値がありますね」と、少し背伸びしたやり方で仕事にとり組もうとする。そして、この背伸びしたとり組みがうまくいくと、提案した本人も、ペアを組んでいる相手も、そのやり方を学んで一緒に成長する。

人は「見られる」と集中する

プログラマーは絶えず誘惑にさらされながら仕事をしている。コンピューターは仕事道具であると同時に遊び道具だからだ。調べ物をした「ついでに」何時間もネットサーフィンをしたり、知人に必要な連絡をとった「ついでに」何時間もチャットでだべったりする。締め切りが迫っているかゾーン状態（極度の集中状態）でもない限り、こうした誘惑はプログラマーの集中力を奪い去る。

プログラマーは自分自身のコンディションによって生産性に何倍もの差が出ることを

知っている。だから難しい課題や、クリエイティビティが求められる仕事にとり組むときは、テンションがピークに達するまではあえて何もしないことが多い。

だがペアプログラミングでは隣に人がいる。だから目の前の仕事に集中せざるを得ない。集中の波のピークが本来違うはずなのに無理やり合わせながらやるので、猛烈に疲れる(なのでペアプログラミングをしている職場では必ず定期的に休憩をとるし、定時に仕事を終える)。だが、短期間で一気に仕事が進む。

人は「見られる」と柔軟性が高まる

ペアプログラミングが浸透している組織においては、みなが多くの箇所の機能追加やバグ修正を行うことができる。チームメンバーのプログラミングを隣で見ているし、ドライバー(プログラミングする人)とナビゲーター(プログラミングを見ている人)とが交代するので、自らもさまざまな箇所のソースコードを触ることになるからだ。

変化の時代においては、やるべきことが突発的に変わることもある。そのときに、「○○だけをずっとやっていた人」ではなく、それぞれのメンバーが多くの種類の仕事をこなせるようになっていることで、チームの柔軟性も高まっていく。

人は「見られる」とノウハウを提供する

本人は特に意識せずに使っていた「当たり前のテクニック」が、実はとても便利なもので、チームメンバーは初耳だった。ペアプログラミングをすると、こういうことが時折ある。これは何も「できる人が一方的に知識を提供する」話ではない。「新人が使っているショートカットをベテランが知らない」ことも多々ある。

だからペアプログラミングの浸透した職場では「おおおお……、これは知らなかった。超便利」という声が上がり、周囲の人が「なになに」と集まってきてちょっとしたイベントになることがよくある。

人が隣にいること、人に見られていること、人と知識のやりとりやその他の会話をすることが生み出す効果は計り知れない。心地よい緊張感、人と話すことそのものの喜び、未知のことを知るワクワク感、人にカッコいいところを見せることができたときの嬉しさ。こうしたコミュニケーションが、職場を活気ある楽しい場所にしていくのだ。

「選択肢は2つある。ビールを飲むか、ワインを飲むかだ」

1999年、新卒としてサン・マイクロシステムズに入社した私は、上司や環境に恵まれ、半年の新人研修の後にアメリカ本社で仕事をする機会を得ることができた。サン本社はイースト・パロアルトという地区の、現在はFacebookが本社を構える場所にあった。ITの中心地として知られ、当時から「日本より5年進んでいる」と言われていた。いわばITのメッカである。

「シリコンバレーでのソフトウェア開発の仕事はどんなものだろう」

期待に胸を膨らませながら身支度を済ませ、シリコンバレーへと向かった私を出迎えたのは、ダグラス・ヒルという男だった。生まれも育ちも住まいもシリコンバレー。そんな生粋のシリコンバレーの住人だった。彼からはたくさんのことを学んだが、その中でも特に忘れられないのはレイクタホでのエピソードだ。

「こんな忙しいときにリゾート地？」

プロジェクトを進めていたある日、ダグラスがチームのところにふらっと来て、「明日からみんなで少し遠出するから、着替えを何着か持ってきてほしい」と私たちに伝えた。

その当時、私はかなり切羽詰まった状況にいた。自分が受け持っている開発の仕事で、まだ完了の目途が立っていないものがあったからだ。加えて、産学共同プロジェクトを進めていたカリフォルニア州立大学サクラメント校からの「工学部大学院でJavaとXMLの講義をしてほしい」という依頼も引き受けていたからだ。

当時の私の英語力は、ソフトウェア開発に関する会話であればかろうじて話せる程度のものだ。どんな質問が飛んでくるかわからない大学院での授業を引き受けるのは無謀以外の何ものでもなかった。それでも私がこの話を引き受けたのは、「技術の授業なんだから、仕事と同じレベルの会話ができればいいよ。それにプログラミング言語は世界共通語だろう？」とダグラスに言われたからだ。とはいえ、資料作成や想定問答対応など、準備すべきことはかなりたくさんあった。

シリコンバレーからカリフォルニア州立大学サクラメント校までは少し距離がある。移動の時間を見ておく必要があったのだが、それにしても私たちが出発する日は到着予定日から逆算してずいぶんと早かった。「仕事を間に合わせなければ」と焦っていた私はより一層焦った。追い打ちをかけたのは、ダグラスから伝えられた初日の行先がサクラメントよりさらに先にあるレイクタホというリゾート地だったことだ。

「選択肢は2つある」

移動直前のギリギリまで作業をしたいのに、なぜ早めに出発して、よりによってリゾート地に立ち寄るのだろうか。いや待てよ、もしかすると開発合宿のような形で集中して作業できるよう気遣ってくれているのだろうか。

レイクタホに着いて荷物をロッジに預けると、ダグラスは私たちに言った。

「ここで選択肢がある。1つは、いまからスキーをすることだ。そしてもう1つは……」

「部屋に移動して仕事をすること」だろうか。いや、そうであってほしい。

しかし私の願いはむなしく、ダグラスの答えは私の想定とは大きく違うものだった。

「スノーボードをすることだ」

歯がゆく感じながら、私はまだ経験したことのなかったスノーボードを選んだ。しばらくして休憩をとることになり、そこでダグラスは再び私たちに聞いた。

「ここでまた選択肢がある。1つは、まあここはリゾート地でもあるので、ビールを飲むという選択肢だ」

もう1つは「ここからは仕事」だろうか。いや、是が非でもそうであってほしい。

しかし現実の答えはまたしても違った。

「もう1つの選択肢は、ワインだ」

どちらを飲んだのかはよく覚えていない。両方飲んだかもしれない。

だが面白いことに、スノーボードをしたり、ビールやワインを飲んだりしたりしていると、心も身体もリラックスして、それまで見えていなかったことが見えてきたのだ。

シリコンバレーの流儀

それまで別々に見えていたタスクが、実はうまくまとめれば大半が共通化できることや、必須だと考えていたことが、実はさほど重要ではないことに気づいた。

忙しさのあまり狭くなっていた視野が広がったことで、思考が整理され、期限までに仕事を終えることができた。

仕事の目途が立ったことで授業の準備に集中することができ、片言の英語ではあったが、伝えるべきことは伝えて無事終えることができたのだった。

後に、ダグラスに「あのときのレイクタホの一件はなんだったのか？」と半分笑い話のように聞く機会があった。すると、ダグラスはこう答えた。

「あのとき君はテンパってただろう？　だからリフレッシュしてリラックスすれば、本当にやらなければならないことと、やらなくてもよいことに自分で気づくことができるだろうと思って、レイクタホに行ったのさ。シリコンバレーでダイナミックなアイデアが次々と出てくるのは、こういうやり方をするからだ」

私たちは他にも、森で散歩したり、山登りに出かけたりした。その後、日本に戻って20年近く経つが、忙しくなってくると、時折レイクタホでの出来事を思い出す。

もしあなたが「とにかく忙しい」「時間がない」という状況に陥ったら、このエピソードを思い出してみてほしい。

トラブルの総合百貨店で学んだこと

トラブルにはさまざまな種類のものがある。人間関係のトラブル、プロジェクトのトラブル、システムのトラブル、会社存続に関わる資金繰りのトラブルなど、さまざまだ。

設立当初のベンチャー企業は「トラブルの総合百貨店」だ。ベンチャー企業はあらゆる意味で身軽で、物事の進むスピードが速い。一方で、トラブルを防ぐための機能が備わっておらず、不安定だ。トラブルを切り抜けていく中で共通して言えることが2つある。

①心を落ち着かせる

「やらかしたかも」。仕事歴の長いプログラマーであれば、一度や二度は血の気が引くようなミスをしたこともあるだろう。私自身も、アプレッソ設立初期の頃にそんな経験をしたことがある。

開発の仕事をしていたときのことだ。自分のパソコンのデータベースにつないでいるつもりが、うっかりチーム全体で使っているデータベースにつないでしまっていた。手元の環境をクリーンアップしようとして、チーム全体で使っているデータベースの内容を全削除してしまったのだ。チーム内で利用しているデータベースなので、お客さまに直接的な影響があるわけではない。とはいえ、これまで相当な時間と手間をかけて蓄積してきたデータの入ったデータベースである。

「あれ、データが消えてる……?」

そんな声に「もしや」と思って設定を確認したときには、もう遅かった。

こんなとき、焦る気持ちから「これどうするんですか!!」とドンッと机を叩いて立ち上がって大声を上げても緊張感を高めるだけだ。**大切なのは、まず正確に問題を把握し、関係者と共有したうえで必要な対策を検討していくこと**だ。慌てたところで問題は解決しない。それにチームが慌てふためくと、今後自分の仕事が原因で何か問題が起きても、怖くて言い出せなくなってしまう危険性だってある。

だからどんな深刻なトラブルが起きたときも、いや、深刻なトラブルが起きたときであればなおさら、まずは心を落ち着かせなければならない。最悪なのはパニックになって「君はいつかこういうミスをすると思っていたんだ」「そもそもお前は普段の態度が許せなかったんだ」などと、今回の事象と関係ないところにまで話を広げて仲間割れ大会を起こすことだ。

だから**トラブルが起きたときの第一声は必ず「まずは落ち着こう」**だ。

②問題の原因と影響範囲を特定する

バグを直そうとするとき、「この現象が出ているなら、問題の箇所はあそこかな」と当たりがつけばそれに越したことはない。その箇所を調査して修正すればよい。だが中には、バグの原因がなかなか特定できないこともある。

そんなときは**「問題の切り分け」**を行う。

具体的には、「この箇所は犯人ではない」という箇所を除外していき、最終的な原因を探り当てていく。やり方はこうだ。ソフトウェア全体をまず2つに分け、調査を始める。一方に原因がないとわかったら、犯人は残りの一方にいることになる。

次に、犯人がいるほうをさらに2つに分け、同じことを繰り返していく。すると問題がある箇所が絞り込まれていき、最終的には原因を特定できる。

経験の浅いエンジニアは「とにかくサーバーが頻繁に落ちるんです！　大問題です！」と言ってとり乱す（設定を1か所間違えているだけだったり、バグを1つ直せば済む話だったりすることが多い）。

あるいは「おかしいな、動かないはずないんです。昨日までは動いていて、その後何も変えていないはずなのに！」と言って途方にくれる（「昨日から何も変えていない」は、大体の場合何かしらの変更が入っている）。

細かく切り分けて考える

現実世界の問題についても、プログラムのバグ修正と同じことが言える。

例えば、「ECアプリを作ったが、あまりユーザーに利用してもらえなかった」ときのことを考えてみよう。

商品詳細ページまでは行ったが、そこから「買い物かごに入れる」人が大幅に少なかったのであれば、「商品の見せ方に問題がある」、もしくは「商品そのものが来てくれた人の求めているものではなかった」と考えられる。

「買い物かごに入れる」人は多かったが「購入する」ところで一気に離脱してしまったのであれば、決済画面の設計に問題があったのかもしれない。

例えば、そこでログインを求められて面倒になった、あるいは読み込みに時間がかかって閉じてしまった。こうした問題があるのかもしれない。

「どこまで何人くらいの人が行ったのか」「どこで何パーセントの人が離脱したのか」これらを分析し、離脱率の高いポイントを絞り込んで直していけばいい。もちろん、何もかもがこんなに簡単かつ綺麗に解決するわけではない。しかし**問題が起きると、人間は問題の原因と関係ないことまで含めて、事態を大きくとらえてしまう傾向がある。**

だからトラブルが起きたらプログラミングの例のように、とにかく問題を切り分けて、原因を特定していくと意外と簡単に解決する。

最後に申し添えておくと、私がデータベースを消してしまった事例は、バックアップをとってくれていた人がいて、大ごとにはならずに済んだのだった。

パフォーマンスを高めるために「力を抜く」

「400メートル走はペース配分が大切」。高校の陸上部で400メートルを走ることになったとき、先輩に最初にそう教えられた。ずっと全力で走り続けることはできないので、どこかで力を抜く必要がある。先輩の教えは次のようなものだった。

①最初の100メートルはスタートダッシュ
②次の100メートルは全力疾走
③次の100メートルはペース維持
④最後の100メートルはラストスパート

「すべて全力疾走じゃないか」とも思えるわけだが、**ポイントは③のペース維持**にある。

スピードに乗った状態になると、膝を限界まで高く上げたり、地面を力強くけり上げたりせずとも、足を地面にトンと置くだけでスピードが維持できるのだ。どこかで「体力を温存すること」がコツなのである。

この「力の抜き方」には選手それぞれに向き不向きがある。前半ある程度ゆっくり走っていたかと思えば、後半にドラマチックに加速して他の選手を追い抜くスタイルが合っている選手がいれば、最初から飛ばして、後半は追いつかれながらもなんとか粘るスタイルが得意な選手もいた。

どこで力を抜くべきか？

社会に出て仕事をしていく中で、この「400メートル走の教え」を思い出すことが幾度となくあった。400メートル走と同様、人生もどこかで力を抜くようにしないと、速いスピードで走り続けることができない。

常に全力疾走すれば、パフォーマンスは必ず落ちる。プログラミングで最悪なのは、集中が切れた状態で仕事をすることで、「本当はもっと効率的なやり方があるのに、あまり望ましくない設計を採用してしまうこと」だ。そこで発生した非効率は、そのソフトウェアが使い続けられる限り、ずっと尾を引くことになる。

全力でとり組むタイミングと力を抜くタイミング。人によって自分に合ったそれぞれのスタイルがあるのだ。

例えば、その日のうちに片づける仕事が多数ある場合を考えてみよう。

私は簡単な仕事から先に着手することが多い。簡単な仕事を終わらせて残タスクの数が少なくなれば、「残すは難しい仕事がいくつかあるだけ」と気がラクになり、やる気も出る。「最初に力を抜いて温存し、最後に全力でダッシュする」ラストスパート型の仕事の仕方だ。

だが最初に難題を片づけ、「数はあるけど、あとは簡単な仕事だけ」のほうがやりやすいというスタートダッシュ型の人もいる。

昼寝を欠かさないスーパーエンジニア

もっと具体的な例を挙げよう。私が以前一緒に仕事をしていたエンジニアで、「仕事中にウツラウツラと寝ているが、ガバッと目を覚ましてからはとてつもないスピードで仕事を片づける人」がいた。

彼にとっては、休憩に加えて**昼寝をすることこそが「力を抜く」ポイント**だったわけである。そして全力で仕事を終わらせると、またウツラウツラと寝始める。

彼にあったペース配分は、「全力で走り、しばらくジョギングし、また全力で走る」というインターバル走のようなペース配分だったのだ。

当時、彼の上司だった私は、当然そのことで彼に注意をしたことは一度もなかったし、彼は昼寝をしながら成果を出し続けた。

仕事だけでなく、人生全般についても「400メートル走の教え」は多くの場面において示唆的だ。自分にあった形で力を抜くことで、長く、速く走り続けることができる。だから**自分自身の「人生のペース配分」を見極めて、周囲の人のペース配分にも寛容でいよう。**自分も周囲も楽しくなるし、チームの生産性も高くなる。

オフィスに「遊び」を入れてみた

オフィスに整然と配置された机に向かい、みな同じ椅子に座り、ズラリと並んでわき目もふらず仕事をする。

こんな「真面目なオフィス」は、一見無駄がなく生産性が高そうなのだが、クリエイティブな仕事には向いていないことがある。人間誰しも集中力には波がある。リラックスするときはリラックスし、気が乗らないときはちょっとネットサーフィンをして気分転換すればよいのだ。しかし真面目なオフィスではこれらの行為がはばかられる。

私は昔から自分の作業環境に「遊び」をとり入れてみて、「これだ！」と思ったものは、オフィス全体にも導入を提案している。

「試してみたが、よくなかったのですぐやめた」ものも多いが、ずっと継続している「遊び」もある。具体的には次の3つだ。

①椅子をバランスボールにする

私が家とオフィスの椅子をバランスボールにしたのは2007年のことなので、バランスボールとはずいぶん長いつき合いになる。

バランスボールを椅子として使っていると、ポヨンポヨンと弾みながら仕事をすることになるので、職場が堅い雰囲気になりにくい。

高級な椅子に座って難しい顔をしている上司よりも、バランスボールに座っている上司のほうが、どんなことでも気軽に話しかけやすいのではないか。

②机を電動式昇降デスクにする

アプレッソでは2015年に開発者全員の机を電動昇降式デスクにした。

2014年にシリコンバレーでFacebookやGoogleといった会社の技術者とディスカッションする機会があり、オフィスの様子を見せてもらった際、たくさんの人が立って仕事をしているのを見たのがきっかけだった。

なぜ立って仕事をするのかと質問すると、「シリコンバレーでは最近、腰の健康に対する意識が急速に高まってきているんだ」と返ってきた。

面白がって試しに何人かで立って仕事をしたところ、とても評判がよかった。ちょうどオフィス増床のタイミングでもあったので、全面導入することになった。

導入後の声を紹介しよう。

「その後、一度も座って仕事をしていません」

「腰痛に悩まされていましたが、いまはまったくありません」

「立って仕事をすることで、脳がスッキリした状態になり、集中できています」

「立ったり座ったりできるので脚のむくみが軽減されました」

③曲面ディスプレイや4Kディスプレイを使う

ディスプレイは極めて重要なデバイスだ。ディスプレイがどんなものかで把握できる情報量に大きな差が出るからだ。

曲面ディスプレイで集中力アップ

私が特に気に入っているのは曲面ディスプレイだ。当初は目に入ってくる情報量を増やすためにデュアルディスプレイ（2枚のディスプレイを並べるやり方）にしていたのだが、どうしても顔の正面にディスプレイの物理的境界が来てしまうことが気になっていた。真正面は一番集中して見ることができる場所だが、そこに境界線が来てしまうのだ。

そこで、曲面ディスプレイを使ってみることにした。上の写真を見てほしい。名前の通り、両端が曲がっているディスプレイだ。プログラムのソースコードに囲まれている気分になり、気持ちが高揚するのだ。

情報量重視の同僚は、4Kディスプレイを使って仕事をしていた。4Kディスプレイとは、現在主流の「フルＨＤ（１９２０×１０８０ドット）」の４倍となる解像度（３８４０×２１６０ドット）を持つディスプレイのことだ。

曲面ディスプレイと比べると「囲まれている」感は少し落ちるが、解像度は曲面ディスプレイの2倍。通常のディスプレイと比べるなら4倍にもなる。資料をたくさん並べながら仕事をするときはとても便利なのだ。

こうした「遊び」が導入されると、何人かがそれに気づいて「へぇ、なにこれ？」と集まってくる。誰かが試しに使ってみると「おお〜！」と歓声が上がり、やがてその声につられてたくさんの人が集まってきて人だかりができる。

よさそうだということがわかり、自分のところにも導入されると、ホクホクした表情で仕事にとり組む。

こうしたイベントが起こると、個々のパフォーマンスが上がるだけでなく、オフィス全体が自然と活気づくのだ。

「一番近く」と「一番遠く」だけを見る

「『一番近く』と『一番遠く』だけを見る」

これは、ゲームプログラマーの中嶋謙互《けんご》さんの言葉なのだが、印象的だったので、よく思い出すことがある。

「一番近く」だけを見ていると、「自分はなぜこの場所で、この仕事をしているか」を考えることなしに、直近でやるべき仕事を機械的にこなしていくことになりがちだ。

「一番遠く」だけを見ていると、夢やアイデアは語り尽くされるものの、熱気と情熱だけが残って、現実的には何も得られずに終わってしまうことが多い。そして、同じアイデアと実行力を持った人たちに、次第に追い抜かれていってしまう。

どちらか片方だけではダメで、両方を見続ける必要があるのだ。しかし**私たちは世間の**

常識に流され、ついつい間をとった「中間」を見てしまいがちだ。

「いつか」起業したいサラリーマン

例えば、いつか起業すると心に決めているサラリーマン。「もうちょっとお金を貯めてから」「もっと実力をつけてから」と先延ばしにしているうちに60歳を超えてしまった。そんなケースだ。

もし彼にとって起業が「一番遠く」だったとすれば、その実現に向けてやらなければならないことがあるだろう。

事業資金が必要であれば、ボーナスをはずんでもらうために「今月の売上は予算を超過達成する」ことが「一番近く」になるかもしれない。または、副業申請して半年でまとまったお金を得ることが「一番近く」になるかもしれない。

だが、売上を超過達成することで、毎月の売上達成のことばかり考えるようになってしまったら、「一番遠く」を見るのをやめてしまったことになる。副業がうまくいき、起業をやめた場合も同様だ。

「起業する」という一番遠くだけを見ても、世界は何も変わらない。

「お金を貯める」という一番近くだけを見ると、ただ現状を維持するだけになる。

つまり、一番近くと一番遠くを同時に見続けることが大切なのだ。

立場ごとの「一番近く」と「一番遠く」がある

人は誰しも、複数の立場を持ちながら生きている。

全員に共通なのは、みな誰かの子として生まれているので、「子としての自分」という立場があることだ。

子どもがいる人であれば「親としての自分」という立場もある。兄弟姉妹がいる人なら「兄としての自分」「姉としての自分」「弟としての自分」「妹としての自分」もあるだろう。結婚している人であれば「妻としての自分」「夫としての自分」もある。

仕事について言えば、部下を持つ人であれば「上司としての自分」があるが、社長等の最高役職者でなければそれと同時に「部下としての自分」もある。

社会人になってからも大学サークルの後輩から「先輩、先輩」と頼られる人であれば

「先輩としての自分」もあるだろう。趣味についても「ワインラバーとしての自分」「ゲーマーとしての自分」など、その人の生き方によって無数の立場がある。

そして、これらの立場ごとに「一番近く」と「一番遠く」がある。

私たちは、一番強く気持ちが引かれている目標だけに人生すべてをかけてしまいがちだ。例えば**「ビジネスマンとしての自分」を重視するあまり、家事や育児はほとんどせず、「夫としての自分」「親としての自分」を意識せずに生きてしまう**などだ。あるいは、「課長としての自分」「課の一員としての自分」を意識しすぎるあまり、全社視点での最適解を見失ってしまう場合もある。

だから一度、仕事と私生活それぞれについて、いま自分がいる立場を一覧にしてみて、それぞれの立場の「一番近く」と「一番遠く」とを表にして各項目に記入してみると、今後自分がとり組むべきことをうまく整理できるかもしれない。

「一番近く」と「一番遠く」を書き出してみる

細かく分けるのがしっくりこないようであれば、**「仕事」と「私生活」の2項目につい**

てそれぞれ「一番近く」と「一番遠く」、合計4か所に記入するだけでもいいだろう。

例えば私の場合なら、「仕事」の「経営者として」の「一番遠く」は「日本の大企業が短期間で変われることを証明し、日本を元気にしたい」だ。そして「一番近く」は「いま関わっているプロジェクトを3か月以内に成長軌道に乗せる」ことだ。

「私生活」の「親として」の「一番遠く」は「子どもたちに感じる力、考える力、行動する力を兼ね備えた人になってほしい」であり、「一番近く」は「長男が熱望している東京湾での釣りに家族で行くこと」だ。

コラム

「会社に炊飯器を持ってきていいですか?」

約1年前、クレディセゾンで新しくチームを作り始めたときのことだ。ベンチャー企業出身のエンジニアが「会社に炊飯器を持ってきてもいいですか?」と聞いてきた。大企業の中で育った人たちの「えっ」という声にならない声が一斉に聞こえてくる。

ざわめきを感じた私が彼に聞いた。

「うん、それで……炊飯器を持ってきたいのはどうして?」

すると彼は答える。

「炊き立ての米が食べたいんです」

エンジニアが会社に持ってきたいとリクエストするもののバリエーションは実に豊富だ。

DJ機材一式、二段ベッド、据え置き型ゲーム機、ゴルフパター練習セット、空気清浄機、バランスボール、特殊な椅子全般、電動昇降式デスク、曲面ディスプレイ、絵画、炊飯器、ワインセラー、ワイングラス百脚、ドローン、セグウェイなどなど。

炊飯器については、アプレッソ時代にすでに導入したことがあった。だが、次第に炊いた米が余るようになり、ラップに包んで冷凍庫に入れ、電子レンジでチンして食べるようになってしまった。

そのときのことも伝えて、結果的に炊飯器の導入は見送った。

だが、非常にいいなと思ったことがある。それは、「これは言ってはいけないことだ」「こんなことは認められないだろうな」といった常識にとらわれずに、感じたことを伝えてくれている点だ。

それまでの仕事の経歴や、育ってきた環境が違えば、当然ある人にとっての常識は別の人にとっての非常識だ。その差異は文化的衝突の原因にもなる。しかし同時に、組織の柔軟性を高めることにもつながる。

この炊飯器の話も、歴史ある日本の大企業では非常識なことだったとしても、「そんなのありえない」なんて言ってはいけないのだ。仮にそれを口に出してしまったなら、大企業の常識を是とする人しか受け入れられない。多様性を受け止めることができない、弱いチームしか作れなくなってしまうのだ。

第5章

職場は チームで戦う

仕事中に音楽をかけ始めて同僚から怪訝な顔をされる。
だが仕事は超一流。
エンジニアの世界にはそんな人がたくさんいる。
「優秀だが変わった人」の
マイナスの部分に目を向けてしまうと、
こうした人の力をチームにとり込むことはできない。
人の長所にフォーカスできる
多様性のあるチームを作るにはどうすればいいのだろうか。

「猛獣園」である

職場は「猛獣園」である

チームは2つに分けられる。

1つは、同質の人たち「だけ」で構成されるチーム。

もう1つは、異質な人たちで構成されるチームだ。

前者は歴史ある日本の大企業でよく見かける。製造業等、過去の成功体験をしっかり踏襲していくことが重要視される世界では、こうしたチームがいまも強いのかもしれない。

一方で、後者のチームはいつもカオスで、環境が目まぐるしく変わっていく状況に強い。

ITベンチャーはその典型だ。

いま、デジタル化の波が押し寄せ、あらゆる企業が方針転換を迫られている。

前者の「同質化により秩序を保つことが是《ぜ》とされてきた」チームであっても、後者の文化を受け入れ、**変化に対応する力を高めていかなければならない。**

私は10年以上後者の典型ともいえるＩＴベンチャーの世界でエンジニアのチームを率い、この7年は歴史ある日本の大企業で仕事をしてきた。

異質で突出した能力を持ち、そしてクセのある人たちが1つのチームで仕事をしていくとき、どうすれば協力できるのだろうか。

職場は「猛獣園」と自覚する

多様性に満ち、突き抜けた人材のいるチームは、1つの檻の中にライオンとトラとゾウと裸の人間が一緒に暮らしているようなものだ。

こうしたチームを**「猛獣園」**と呼ぼう。

猛獣園は危険に満ちている。空腹のライオンが人間の腕に噛みついたときに「ちょっと待って、僕の意見も聞いてもらえるかな？」と説得を試みようものなら、その最中に首にも噛みつかれて絶命するだろう。機嫌を損ねたゾウが突進してきたときも同様だ。エンジニアチームはしばしばこういう様相になる。

腕に自信のあるエンジニアが、自分の設計やプログラムを否定されたとき、怒りのあまり、周囲に大声で当たり散らす。それなりの経験があるエンジニアリングマネージャーなら幾度となく見た風景だろう。これはいわば、空腹のライオンが周囲の人間に噛みつくのと同じだ。誤解されがちだが、このエンジニアが悪いのではない。ライオンに鋭い爪や牙があること、そして空腹になると周囲の生き物に噛みつくことも、自然界では当たり前のことだからだ。

エンジニアに限らず、突出した能力を持つ人には癖がある。

ここは猛獣園なのだ。

意見を傾聴して意思決定する

「議論を尽くせば、みなが納得できる結論に至り、気持ちよく仕事をしていける」

猛獣園ではこんなキレイごとは成立しない。

それぞれ自分の考えが強くあり、それに対する否定的な意見を浴びせられているうちに苛立ちが募り、相手に噛みつきたい気持ちがムクムクもたげてくる。その苛立ちが一定水準を超えると、口をグワッと開けて襲いかかるのだ。

しかし、暴力的とさえ言えるこだわりを持っている人の話には、耳を傾けるべき重要な内容が何かしら含まれている。

意見が分かれたときはどうすればいいのだろうか。

やり方は簡単だ。**「今日は議論をするのではなく、みんなの意見を聞きたい。それをすべて聞いたうえで、チームとしての方針を決めたい」**と宣言する。そして、意見がある人から順に手を上げて発言してもらう。発言中は神聖な時間として気軽に反論せず、全員でその人の話を最後まで聞く。

全員の意見を聞いたあと、「みんなの意見はよくわかった。チームとしての結論はこれにしよう」とリーダーが決める。

この方法にはモデルがある。大学生のとき、本で読んだか、授業で聞いたかはもう覚えていないが、「極端に争いが少ない、ある民族の会議の仕方」がベースになっている。紛糾しそうな会議で試しにやってみたところ効果てきめんだったので、その後ももめそうな議題についてはこの方法で意思決定している。

ただ注意点が1つある。「この意見が採用されたら非常に危険」というクリティカルな懸念点があるときだ。その問題を前もって指摘し、議論を深めておこう。みなの意見は尊重すべきだが、締めるべきところはしっかり締める必要がある。

猛獣園ではこの意思決定法が驚くほど機能する。

- **意見を述べる時間が確保され、言いたいことを伝えられる**
- **自分の意見をチームメンバーが傾聴してくれる**

この2つのプロセスを踏んでいるからだ。

そもそもライオンがなぜ噛みつくかというと、空腹や危険を感じるからだ。

突出した人材がなぜ噛みつくかというと、自分の伝えたいことがきちんと伝わっていないと感じたり、周囲が反対意見を次々と浴びせたりするからなのだ。

人を傷つけずに、問題点を指摘する ——「ひよコード」

プログラミングの世界では、「レビュー」が重要視されている。

ミスやバグが原因で、セキュリティー上の重要な問題が発生したり、お金の計算が合わなくなったりすることもあるからだ。

加えて、ソースコードの美しさや読みやすさに関するチェックも行う必要がある。美しく設計されたコードは再利用性が高く、そうではないコードは変化に弱く、応用が利かない。さらに読みやすさは、チームのレベルも加味しながらチェックする必要がある。

ところが、この「レビュー」には問題がある。それは、相手を傷つけてしまうことだ。プログラマーはみな、自分の自信作のソースコードのことで、他人からとやかく言われたくないのだ。

例えば料理を作ったときに、食べている人がその料理のダメなポイントを列挙し始めたらどんな気持ちになるだろうか。みな嫌な気持ちになるだろう。自分が丁寧に作り上げた作品に文句を言われたくないのだ。

「言わない優しさ」は美徳か？

「相手を傷つけてしまう」ことを重く見て、それを回避するために「あえて言わない」人もいる。こうした「言わない優しさ」は美徳として受け止められる場合もあるかもしれないが、**レビューの際には持ち出してはいけない**。後に問題が発覚したとき「なぜレビューで見抜けなかったのか？」と、レビュアーに返ってくるからだ。場合によってはレビューされた人から「どうして言ってくれなかったの！」と詰め寄られることもある。

レビューの難しさは、「言わなければならないこと」と「傷つけないようにすること」の2つを両立させなければならない点にある。

レビューの難しさとどう向き合っていくべきなのかを協議した結果、私たちは**「ひよコード」**という表現を発明した。

未熟で修正の必要があるソースコードに直面したとき、「なにこのクソコード」とは決して言わず、その代わりに「少しここがひよコードだね」「この箇所が少しピヨピヨしてるね」とコメントする。

ひよコードとは、「ひよこ」と「コード」（ソースコードの略）をかけ合わせた言葉だ。ひよこはかわいらしく人から愛される生き物だ。そしてこれから成長していくことを暗黙のうちに期待されている。

つまり、伸び代《しろ》しかないということだ。だから**ネガティブなことを言わざるを得ないとき、精いっぱいの愛情を込めて「ひよコードだね」と伝える**のだ。

ネガティブなことを伝えるときの心がまえ

レビュー文化の浸透した開発チームでは、プログラマー同士の会話は、ときに知的ボクシングのような様相を呈する。

「ここはもう少しこういう書き方のほうがよいかと」

「いや、こうしたのには理由があって。○○を重視してあえてこうしたんです」

「そのやり方は少し前に流行ったやり方なんだけど、現代的ではないよね。なぜ廃れていったかというと、××という問題があり、いまは使われていないわけで」

こんなやりとりがかわされる。角《かど》のある発言をすることは、この知的ボクシングのグローブに釘を仕込むのと同じだ。レビュアーの宿命を引き受けたうえで、このグローブをふかふかのクッションにしなければならない。

これはレビューだけでなく、さらに言うとビジネスだけでなく、人間関係にも同じことが言える。

コミュニケーションはいつだって、楽しさや笑いに満ちていたほうがいい。ではどうすればば、グローブをソフトで心地よいものにできるのだろうか。コツは3つある。

①優しく言う：

「ちょっと思ったんだけど」「〜かもね」

ときには「ひよコード」でさえ凶器になる。「またひよコードかよ」と言ってはいけない。何かを指摘しなければならないときには「ちょっと思ったんだけどさ」と優しく語りかけるように心がける。確実に問題があるときでも「〜という課題があるかもね」と、最後に「かもね」をつけるだけで一気にマイルドになる。

②自分が過去に同じミスをした話から入る：
「ここはミスしやすいところなんだよね、昔自分も……」

「問題点に気づくのは、かつて自分も同じミスをしたから」という場合も多い。相手に問題点を指摘する前に、自分も同じミスをしたことがあることを告白しよう。相手との関係を「レビューする人とレビューされる人」から「同じミスをしたことのある仲間同士」へと転換することができる。

③相手に敬意を払う：
「〇〇さんの言うことは本当にそうだなって思って」

「そもそもそれは間違ってますよ」などと言うと、内容を聞く前に相手が精神的ガードを上げてしまう。「〇〇さんの言うことは本当にそうだなって思って」と相手の考えを理解し、敬意を払う。そのうえで、「それで言うと、ここも直したほうがいいかなって思ったんだよね」と問題点を伝えよう。ただし、これは相手の言っていることと問題点とのつながりを見出したときのみ使える手法だ。むやみに使うと説得力が落ち、さらに頭が悪いと思われるので気をつけてほしい。

人を動かすコツは、相手を全力で理解すること

プロジェクトを進めていくと、社内外のキーマンの合意をとる場面が出てくる。ところがキーマンへの説明を担当していた人が「何度説明を試みても、どうしても○○さんにご納得いただけない」と言うので、私が代わりに説明しに行くことになった。

よほど強く反対する要素があるのかと思って身構えて会議に臨んだところ、キーマンの言っていることはすべて至極もっともで、「確かにおっしゃる通りですね」となった。

そこで、指摘事項をいったん全部受け止めたうえで持ち帰って、それらを踏まえた提案を急ぎ作成する。

「前回いただいたご指摘はこの5点だったかと思います。我々の理解は間違っていないでしょうか？　これらを踏まえ、今回のプロジェクトを改めてご説明できればと思います」

こう説明すると、とてもスムーズに話が進む。

「相手の言い分」を徹底的に受け止める

大事なのは、「相手が思っていることを受け止め、それを踏まえて自分たちの考えをきちんと伝える」ことだ。

簡単なように見えるが、これができている人は意外に少ない。

相手の気持ちに寄り添うどころか相手になりきる。そして「対峙する」ではなく、「この人の言っていることを全力で理解しにいく」というスタンスで話を聞く。すると相手の言っていることに心から「なるほど」と思える。

仮にキーマンの指摘がプロジェクトやそのメンバーに関するネガティブなものだったとしても、いったんは相手が思っていることを全力で理解するよう努める。

キーマンの賛同が得られていない場合、最初にやるべきなのは相手をどう説得するかの作戦を考えることではない。相手の考えを全力で理解することなのだ。**重要なのは説得テクニックではなく、相手を理解しようとする歩み寄りのスタンス**だ。

逆に言えば、それさえきちんとできていれば、よほど無茶苦茶な内容でない限り、それなりに納得してもらえることがほとんどなのである。こう話すと、「それは小野さんが環境に恵まれていたから言えることだ。まったく部下の話を聞かない上司や、自分の常識以外を一切認めず全否定して会話にならない取引先にはそんなやり方は通用しないはず」と言う人もいる。一理あるかもしれない。

だが、「あのキーマンを説得するのは無理」という状況でも、相手の言い分をしっかり受け止めれば、話はスムーズに進むものだ。そんな事例をたくさん見てきた。

キーマン説得の実践テクニック

キーマン説得型の対話は、とてもインタラクティブ性の強いものだ。サイズも形も違い、かみ合うはずがないように見えた2つの歯車を、削って形を変えたり、位置を変えたりしながら綺麗にかみ合わせる行為なのだ。

言いたいことを一方的に言う。反対意見が出てきたら、攻撃的に反論する。こんなことをしてはいけないのだ。

加えるなら、言われたことを「おっしゃる通り、その点はとても重要だと思います」というスタンスで相手の意見をまず尊重して聞く。そのうえで、相手がおそらく知らないであろう情報を付加するとなおよい。

例えば「最近読んだ本にこんなことが書いてあり、かなり興味深かったのですが、いまご指摘いただいた内容を踏まえると、この件はこんな解釈もできると感じました」などと、新しい情報を付加する。**相手の言っていることを深く理解している姿勢を示す**のだ。

「こいつ、面白いな」と相手に思わせた後に、「それで、ご指摘も踏まえると今回のプロジェクトはこんなふうに位置づけられるかと思っています」と伝える。

すると話もスムーズに進む。

これは、ベンチャー企業で投資家から出資を募るときであっても、大企業で自らが新規プロジェクトを経営陣に承認してもらうときであっても通用するやり方だ。

キーマンに意思決定をしてもらうためのコミュニケーションの極意は、「受け止めてから話す」だ。

「俺がやったほうが早い病」の治し方

人に仕事を任せるとき、「なんでできないんだ」とイライラしたことはないだろうか。

仕事を任せた初期は仕方ないとして、何年経ってもうまく仕事が進められないと、「なぜここまで不器用なのか？」と苛立ちを感じやすい。仕事が思うように進まないときに「もういいよ、俺がやるから」とため息をついたことがある人もいるだろう。

こうした状況を総称して「俺がやったほうが早い病」と呼ぶことにする。チームで仕事をしていく以上、この病は早急に治療したいところだ。方法は3つある。

①俺がほめたほうが早い

企業活動の多くはチームワークだ。仕事のできる人が「俺がやったほうが早い」とイライラして周囲を睨みつけながら仕事をするより、自分がやったほうが早い場合でも「いいね、すごくいい」と言いながら、メンバーのやる気を引き出すほうが効率的だ。

もちろん、仕事が全然進んでいない人や明らかに効率が悪い人に対しても「いいね、すごくいい」と言っていると、本当に成果を出している人のモチベーションを下げてしまう。「まったく理解していない人が適当にほめている」状況は危険だ。

だが、ほめるべき理由があるときはしっかりほめよう。**ほとんどの人は「ほめられると伸びるタイプ」なので、プラスの効果しかない。**

メンバーがモチベーションを高く保ち、ひとりひとりが周囲をもっと驚かせてやろうと仕事をする。「チームとしての成果」と「個人としての成長」、このどちらを見ても、ほめたほうが圧倒的にいい。

むしろ、ほめて伸びた人が自分より成果が出る状態になったときに「この分野はもうお前にはかなわないな……」「そんな……、先輩のおかげです」というドラマのような美談が展開されることを目指そう。チームの生産性がさらに上がる。

「俺がやったほうが早い」と思っている人は、まずは周囲のほめるべきところをほめ、人の成長を温かい目で見守ることから始めてほしい。

②俺が教えたほうが早い

自分が持っている技術は、惜しみなく人に伝えるべきだ。「俺がやったほうが早い」は何かしらのコツなりテクニックの結果としての話だ。**「俺のように早くできる」勘所を見極め、それを周囲のメンバーに伝えると、「俺がやったほうが早い」程度が弱まっていく。**

よく「魚を与えるのではなく、魚の釣り方を教える」という話があるが、それと似ている。仕事の進め方をメンバーに見せると、周囲に自分の能力がインストールされていく。

アプレッソ創業初期は、社内にプログラマーと呼べる人がほとんどいなかったので、このやり方でプログラマーを次々と育成していった。ある程度のレベルまでたどり着いた人がまた次の世代に自分の技術を伝える。これを繰り返していくと、時間を経るにつれてどんどんチームが強くなっていく。

仕事の能力のうち、移植できるものはどんどん他の人に手渡すべきだ。ノウハウを明かさないことで「自分の居場所」を作る人もいるが、会社全体のパフォーマンスという視座から考えれば、非常に近視眼的だ。その態度はいかがなものかと映るケースが少なからずある。知識の囲い込みを続けた結果、会社全体の競争力が低下し、会社という船そのものが沈没してしまったら元も子もない。

③俺が見本を見せたほうが早い

刺激を受けることで一気に成長するタイプの人もいる。

エンジニアのＳさんがそうだった。Ｓさんにお願いした仕事が１か月くらい経ってもあまり進んでいないようだったので、「どんな感じ？」と聞いてみたところ「簡単にはいきません」と言う。そこで「シンプルに考えれば１時間くらいでできるのでは？」とコメントすると、彼は「１時間なんて無理ですよ。そんなこと言うならやってみてください」と怒りながら言い返してきた。「俺がやったほうが早い」実例を見せるべく、私は30分くらいで終わらせた。「俺が最強」と内心思っていたＳさんは、その後「クソ、悔しい！」と言いながらメキメキ成長していった。ただしこの方法は、**相手の性格やタイミングに気をつけて使わないと逆効果なので、上級者向けのテクニック**と言える。

遊び心で多様な才能を集める

「音かけていいっすか?」

アプレッソのエンジニアのAさんが言った。昼間、職場で仕事をしている最中のことである。返事を待つ前に、すでにAさんは自席に置いたスピーカーのボリュームを上げて大音量にし、音楽のリズムに合わせて「ダン、ダダダン、ダン!」とけたたましい音を立ててキーボードを叩き、プログラミングをし始めた。

私が「ん?」と返事をしたときにはすでに音楽で返事が聞こえない状態になっていた。少しすると周囲から私にメッセージが入り始めた。

「うるさくて仕事になりません。音楽を止めさせてください」

私はすぐにAさんに声をかけて「なんかうるさいみたいだからヘッドホンをつけてね」

とカジュアルに伝えに行った。

「えっ、そうでしたか！　それはすみませんでした」

Aさんは素直な人なので、注意されるとすぐに聞き入れて音楽を止めたのだった。別のある日、Aさんが「なんか服着てると乗らないなぁ、上脱いでいいっすか？」と聞いてきたときには「やめて」と即座に禁止した。

優秀なエンジニアは「変わっている」

Aさんは入社の仕方そのものから少し変わっていた。「ベンチャーなんてどうせいい加減な技術力しかないだろうから、馬鹿にして遊んでやろう」というスタンスで採用面談の場に現れた。だが、私と技術談義を2時間ほどした後に「こんなにちゃんと議論できた人は初めてです」と言って帰っていき、その日の24時過ぎに会社に電話してきて、「明日から入社したいんですけれど、どうしたらいいですか？」と聞いてきた。

こちらが合格通知を出したわけでもなく、条件の話をしたわけでもなく、現在の会社の退職手続きも何もしていないのに、である。1か月後、Aさんはアプレッソに入社して、入社すると同時にものすごいパフォーマンスを発揮し始めた。

Aさんは変わっていたが、とても優秀なプログラマーで、アプレッソの事業に大きく貢献してくれた。周囲も彼の優秀さと変わったところの双方を受け止めて仕事をしていた。

他にも、面白い人のエピソードはたくさんあるが、共通して言えることがある。優秀なエンジニアは変わっている人が多い。だから**一般常識で見ると、優秀さの前に「変なところ」が目立ち、「あの人なんなの?」とマイナスイメージを持たれやすい。**

だが、同じことが同じようにできる人が集まるよりも、長所と短所がはっきりしている凸凹のある人が集まり、ワイワイやりながら互いの短所をそれぞれの長所で埋め合うほうが、チーム全体の力を表現したレーダーチャートは大きくなる。

異端をチームに溶け込ませるコツ

私はいつもチームメンバーに、「短所は見ずに、長所を見よう」と伝えるようにしている。大企業では癖のある人を受け入れていくのはなかなか難しいところもあるが、そこは譲らずにやっていかないといけない。

この方針を浸透させるコツは、**「できるだけ早く、癖のある人の優秀さが発揮される機会を作る」**ことだ。「あの人がいると、こんなことが実現できるんだ！」というポジティブな驚きを目の当たりにすれば、減点主義的な発言に対しても「でもこんな長所もあったよね？」と納得してもらいやすい。

それに、多様性の高いチームであればあるほど、それぞれのメンバーの常識は異なる。Aさんにとっての常識はBさんにとっての非常識であり、逆もまたしかりなのだ。だから短所に目を向け始めてしまったら、優秀な人たちが、互いの短所を悪く言い合うことにもなりかねない。

人事評価でもチームメンバーの互いの評価でも、「あの人は○○ができない」というマイナス評価は行わない。あくまでもいいところだけを見る。すると、**際立った能力を持つ変わった人がたくさん集まってくる。**

欠点がなく、誰も怒らせないバランス型の人材も必要だ。

しかし、「欠点はあるが、何かに突出している人」を集めてチームを作ることができれば、こんなに頼もしいことはない。

「いい人が採用できない」に効く2つのアプローチ

「いい人が採用できない」は多くの会社が抱える悩みだ。とりわけ私が身を置いてきたエンタープライズＩＴの業界では、２０１８年時点で有効求人倍率が6倍前後となっており、1人の求職者を6社がとり合う状況になっている。

これがエンジニアとなるとさらに倍率が高くなり、当然、優秀なエンジニアとなるともっと高くなる。採用難が叫ばれる業界に長くいる中で、私はこれまでチームメンバーには恵まれてきたのだが、いい人に出会えるよう工夫してきたこともある。

①会社や部署、プロジェクトのメッセージを明確にする

採用に苦戦しているなら、最初に見直すべきは会社が対外的に発信しているメッセージ

だ。**何を大事にしているのか。どんな理由でどんなことを考えて人を集めようとしているのか。**そこがきちんと伝われば、いい人が興味を持ってくれる確率はグッと上がる。

例えば、アプレッソではエンジニアを募集する際に、「自社製品開発で、妥協せず丁寧にプログラムを書きたい人」を求めていることをメッセージとしていた。

ＩＴ業界では、自社製品を持ちそれをメインのビジネスにしている企業は少ない。加えて、納期や予算の制限があり、ある程度妥協して納品せざるを得ないプロジェクトが多い。こうした現状に嘆いているエンジニアが数多くいることを知っていたからだ。

プログラマー同士の面接では、日本語と同じレベルでプログラミング言語が共通語となる。経歴を説明してもらうより、プログラムのソースコードを見ながら会話したほうが、お互いどんなレベルで仕事をしているのかを具体的に知ることができる。こうした面接の方式を「コーディング面接」と言うのだが、これをすると、お互いのプログラミングレベルをありのままに理解できる。

会社は「妥協せず丁寧にプログラムを書く」と言っているが、どの程度の意味で言っているのか。また、具体的なソースコードで言うとどんなレベルのことを言っているのか。

これらを包み隠さずお互いに知ることができるのだ。

２０１９年3月にクレディセゾンでゼロからエンジニアチームを作ったときは、「大企業の中に本気のエンジニアリングチームができて、それで事業が大きく変わったら、面白いと思いませんか」というメッセージをブログに書いてエンジニアを募った。

ベンチャー企業やエンタープライズ系ＩＴ企業から多くの応募があり、数か月でチームが立ち上がった。募集開始からちょうど半年後の9月には、最初のプロダクトである「セゾンのお月玉」（セゾンカードの利用金額５００円［税込］ごとに、現金1万円が当たる抽選券を1枚、毎日最大3枚まで発行し、毎月抽選で1万人に現金1万円が当たるプロジェクト）をリリースでき、大きな話題になった。

②カッコつけないで、ありのままに会話する

もう1つ紹介したいのは、Twitterで社員を募集したときの話だ。２００8年の春、Twitterに「アプレッソで一緒に開発してくれるエンジニアを募集します」とツイートした。当時ほとんど目にすることがなかったTwitterによる社員募集を行ったのだ。

1か月くらいで約30人の応募があり、5人ほどの社員が入社したのだが、この経験は私

の採用に関する考え方を大きく変えてくれた。面接の場が、まるで友達同士の飲み会のような様相だったからだ。

「昨夜飲みすぎたって書いてましたけど平気ですか？」

「なんか牛丼が相当好きなんですね」

「Twitterで書いてましたけど、あの技術に注目したのってなんでですか？」

「風邪治りましたか？」

こんな会話が飛び交う。

従来の面接では、応募者からは志望動機と職務経歴が説明され、企業側からは事業内容や会社の雰囲気、勤務形態について説明するスタイルが一般的だった。だが、この面接ではお互いにある程度相手のことを知っている前提で話が進むのである。まったくの他人同士が初めて会ってガードを上げながらコミュニケーションするのではなく、知り合いが会社に興味を持って応募してくれたような雰囲気で話が進んでいく。実際はお互いに一度も会ったことがないのに、である。

ときどき「就職してみたら会社の雰囲気になじめないのでもう辞めたい」「採用してみたら面接で会ったときに期待したほどチームになじめなかった」という失敗談を耳にする。

しかし、ネットコミュニケーションと仕事を決めることとの結びつきが強くなるにつれて、こういうことは起こりにくくなってくるのではないか。

「面接の空気」を職場の雰囲気にする

面接は面接官が応募者を見る場であるが、同様に、応募者が会社を見る場でもある。お互いに表向きのカッコつけた会話をするのではなく、飾らないフランクな雰囲気の中で話ができれば、おそらくそれが職場の雰囲気そのものだ。

Twitterで募集をかけたのはこの1回だけだったのだが、このときを境に私の面接は、まるで友達の会話のような中で進めていくものへと変わった。

調整型とリーダーシップ型、マネージャーに向いているのは？

マネージャーは、調整型とリーダーシップ型の２つに分けられる。

調整型のマネージャーはメンバーの面倒見がよく、関連部署や取引先各社との交渉や調整もうまい。社内資料を作成させれば抜け漏れのないしっかりした資料をバチッと作ってくる。こうしたマネージャーが機能しているチームはとても安定していて、チームメンバーも日々心穏やかに過ごすことができる。

一方、リーダーシップ型のマネージャーは他社に負けている状況を巻き返したり、新しい事業に進出したりするときに実力を発揮する。夢を熱く語り、自らが率先してプロダクトの将来像を提示していくことができる。

アプレッソを始めたばかりの頃、「売るものが１つもない」状態だった私たちは、事業を企画し、プロダクトを１日も早く作り上げ、販売を開始することに注力していた。組織も十数人程度と小さく、やるべきこともはっきりしていた。部門間の調整の難しさはほとんどなかったし、社内の会議で会社のロゴ入りのきれいな資料を作る必要もなかった。

ベンチャー企業に調整型マネージャーがやってきた

しかし会社が成長して取引先も増え、組織がそれなりの規模になってくると、次第に調整業務の重要性が増してくる。

大企業からアプレッソに転職してきた人の話をしよう。当初は「この人はなんだか、規則を整備したり、定例会議を増やしたりばかりだよなぁ」とあまり評判もよくなかった。

しかし、部門間で合意が得られずにトラブルになっている事案を関係部署にヒヤリングし、あっという間に解決したり、以前からその人が導入を進めていたルールが機能して事故が未然に防げたりして、急に輝き始めた。

大企業では、基本的にマネージャーの多くは調整型の能力を持っている。そのため、リーダーシップ型のマネージャーがベンチャーから大企業に入ると、大企業の作法の類《たぐ》いに抜け漏れが見られるので、最初は「この人、大丈夫?」となりやすい。

だが、新規事業の立ち上げや、社内を大きく変革するときなどはリーダーシップ型のマネージャーが短期間で成果を出す。「なるほど、あの人はこんなことができるのか……」と評価が一変する。その人に対する周囲の評価はガラッと変わるのだ。

つまり**ベンチャーであっても大企業であっても、調整型とリーダーシップ型、双方のマネージャーが必要**なのだ。

調整型とリーダーシップ型の双方の特性をまとめると、213ページの図のようになる。現実的には「調整型3：リーダーシップ7」「調整型8：リーダーシップ2」のようにひとりの人間が両方の能力を持つが、ともかくもマネージャーの要素は大きく2種類に分けられる。

いますぐ捨てるべき先入観

私は自分がリーダーシップ型寄りなので、「どういう人がマネージャーに向いているか」と聞かれると、まず想起するのが「リーダーシップ型のマネージャーに向いている人」になりがちだ。逆に調整型の人がおそらく最初に想起するのは自分と似たタイプの人になるだろう。

自分と似たタイプかどうか以外にも、「自分がこれまでついてきた上司がどちらのタイプだったか」もマネージャーに対する価値観に大きな影響を及ぼす。

これまでの自分の上司がほぼすべて調整型だった人には、リーダーシップ型に振り切ったタイプのマネージャーは「マネージャーに向いていない」「マネージャーとしては失格」と映ってしまいやすい。逆もまたしかりだ。

だが、実際にはどちらの能力も事業のステージや規模、その他の各種状況によってそれぞれ求められるものなので、正解はない。

どちらも必要なのだ。

2つのマネージャータイプの特徴

	調整型マネージャー	リーダーシップ型マネージャー
資料	網羅された数値、整えられたレイアウト	要点をまとめた文字のみ
部門間の調整	関係部署にしっかりヒヤリングして調整	プロジェクトの意義を熱弁
数字の読み合わせ	精緻な情報把握のための重要な場	重要度の低い退屈な時間
0→1の仕事	苦手	大得意
プロダクトの方向性	ユーザー調査で決める	自分の感性で決める
仕事中の雑談	サボっているように思える後ろめたい時間	新たなヒントを得るための重要な時間
悩んでいる部下に	寄り添う	夢を語る
採用面談で	自社の安定性や働きやすさをアピール	自社の成長戦略をアピール
求めるもの	安定	変化
会社の規則	ある程度あったほうが安心	できるだけ少ないほうがいい

ファインプレーを「称え合う」文化は強い

チームメンバーひとりひとりが最大限に力を発揮するためにはどうすればいいのだろうか。**一番大切なのはメンバーが「自分の価値は正しく理解されている」と感じながら仕事をすることだ。**逆に、「自分は周囲から価値があると思われていない」と感じながら仕事をしても、モチベーションは上がりにくく、パフォーマンスも落ちる。

これは、ベンチャーでも大企業でも共通して言えることだ。

ファインプレーを称え合う時間を作る

プロジェクトが完了したとき、関係者による振り返りの会を行うのだが、私はその中で必ず「ファインプレーを称え合う」時間をとるようにしている。

「あのとき、Ａさんの活躍がなかったら、多分予定通りにはリリースできていなかった」「チーム全体がスピード重視で品質が疎《おろそ》かになりがちなところを、Ｂさんがしっかり守ってくれたことで大きな事故が起きずに済んだと思う」というように、自分から見てファインプレーだったと思える同僚の活躍を、互いに言葉にして伝え合うのだ。

自分の行動を「価値あるもの」と認めてくれる人がいることは、涙が出るほど嬉しい。特に周囲からの期待が大きいプロジェクトや、工期が短くギリギリで進めていかなければならなかったプロジェクトだと、その喜びはひとしおだ。ファインプレーを称える時間に、同僚の言葉に目頭が熱くなる人も珍しくない。

「この人は、自分のことを理解してくれている」

上司が自分のよさや価値を本当によく理解してくれて、仕事や成長をとてもよくサポートしてくれている。そう感じられたらそれだけで「仕事をもっとがんばろう」と思える人は少なからずいるはずだ。

ここぞとばかりに注力した仕事を高く評価してもらえれば、部下のモチベーションも大きく上がるだろう。

逆はどうだろうか。自分にまるで関心がなく、チームに必要だと思ってとった行動の価値を少しも理解してくれない。そんな状況では、転職を考える人や、心を閉ざして言われたことだけ淡々とこなしていこうと思う人が出てきてしまうだろう。

しかし、上司は多くの場合忙しく、現場で起きているすべてを把握することはできない。ところが、**「ファインプレーを称え合う時間」があれば、メンバーひとりひとりの活躍が上司にも自然と伝わる**のだ。

上司だってほめてほしい

実はこの話は、上司（役職者）にも当てはまる。立場のある人が自分からそんなことを言うことは少ないが、「自分の価値が正しく理解されている」と感じるとモチベーションは必ず上がる。上司とて人間なのだ。

だから上司に対して、「あなたの時代はそうだったんでしょうけど……」という態度をとるのはよくない。「もうファインプレーはできないでしょう?」と決めつけるのは乱暴な考え方だ。その人も何かしらのファインプレーをして現在のポジションに就いているのを忘れてはいけない。

過去のファインプレーに対してもきちんと敬意を払い、称える気持ちを持って仕事をしたほうが、チーム全体が気持ちよく働ける。

「自分の価値は正しく理解されている」

この認識を持てるかどうかは、立場や状況に関係なく、仕事をしているすべての人にとって重要だ。

日々接している人のファインプレーを見逃してはいないか。

自分にだけ関心を向けてはいないか。

ファインプレーを称え合うきっかけを、ぜひ自分から作りに行ってみてはどうだろうか。

おわりに　山田先生の教え

経営者として、新規事業やプロジェクトを発足するときは、「その先にある楽しさ」をチームメンバーにできるだけ早く体験してもらい、ワクワクしながら仕事をしてもらえるように努めている。

それには次のような原体験があるからだ。

小学校高学年から中学1年の頃までの私は、「落ちこぼれ」だった。

成績は小学校低学年のときからあまり振るわず、成績表のコメント欄にはいつも「気が向くとやるが、気が向かないと全然やらない」「みんながやっていることを同じようにできない」というようなことが書かれていた。

学校が終わるといつも友達と外で遊び、帰ってくると家でプログラミングやゲームをし、当時大好きだった江戸川乱歩の本を読みふけった。授業もあまり聞いておらず、家でも勉強せずにいた私の学力は低かった。小学校卒業時点で、四則計算も少し込み入ったものは満足にできなかったと思う。だが、友達と遊んでいると毎日が楽しかったので、あまり問題に感じていなかったし、親も「好きなことをやって、好きな分野で成長していけばいい」とあまり注意しなかった。

中学に入り、初めての中間試験で私は壊滅的な点数をとった。いよいよ「この子は大丈夫なのか」となったところで、父親が家庭教師の先生を探し始めた。

「家庭教師をつけようと思う」

その話を父親から聞いたとき、私は「勉強が必要だと感じたら自分でやるからいらない」と意地になって断った。父親は「そこまで言うなら」と家庭教師案をとり下げた。ところがある日、家族で予約をしたお店に行くと、父親の隣に見知らぬ男性が立っており、「家庭教師の山田大輔先生だ」と紹介された。私は「やられた」と思いながら「よろしくお願いします」と山田先生に頭を下げたのだった。

東京大学の学生だった山田先生は、英語、数学、国語を教えるより多くの時間を割いて、自分が大学で学んでいることを熱心に私に教えてくれた。中学1年から高校卒業まで山田先生から多くのことを教わったが、その期間に私はソシュールの言語学やレヴィ＝ストロースの構造主義などを学び、すっかりハマってしまった。

山田先生は勉強についても教えてくれたが、それ以上に、「勉強した先にある世界」の楽しさを教えてくれた。

面白さを体験し、自ら進んで学ぶようになれば、勉強は苦にならない。

さらには、得意分野を通じて「勉強の仕方そのもの」がある程度身についてくると、他の教科もそれなりの点数がとれるようになる。山田先生は私と同じ陸上部出身で、走るコツについても教えてくれた。授業後に夜の町中で一緒にクラウチングスタートの練習をしたこともあった。

こうして私は、「四則計算も満足にできなかった落ちこぼれ小学生」から、「ポストモダン周辺の本をそこそこ読んでおり、英語のテストはいつもほぼ満点。プログラミングが好きで、400メートル走は東京都大会の決勝戦常連で、ゲームを相当やり込んでいる高校生」というユニークな人間へと変わっていった。「楽しさ」が私を地の底から引き上げてくれたのだ。

だが、私は興味が持てない分野についてはほとんど勉強しなかったし、授業中も授業は聞かずに他のことをしていたので、クラス最下位レベルの科目がいくつもあった。

「興味を持ったものには全力でとり組む。その代わり、やりたくないものはやらない」ということを繰り返してきて、振り返ればその都度、得難い何かが身についてきた。

私のことを「何をやってもできる」と勘違いする人がいるのだが、そんなことはない。

「何かに没頭するたびに、結果として何かが身につく」ということが繰り返されてきただけなのだ。

本書のタイトルは『その仕事、全部やめてみよう』だ。さまざまなことを述べてきたが、一番やめるべき仕事は、没頭できない仕事だ。没頭せずに何かにとり組むことは、普通以下の成果しか出せない非効率な仕事の仕方だ。

「山」を作ろうとするときも、誰のどんな喜びに寄与する仕事なのかを考えていくときも、仕事の効率を上げていこうとするときも、仕事の中に面白さや楽しさ、やりがいを見出して夢中になってとり組むことこそが、仕事を力強く前に進めていく原動力となる。

山田先生とは社会人になってからも時折会って食事をしながら互いの近況を話したりしていたが、数年前、山田先生は仕事での移動中に道で突然倒れ、まもなく亡くなった。もう山田先生にお礼を言うことはできないが、「楽しさを教えてやる気を引き出す」という先生の教えはいまも私の中に生きている。私はこれからもこのやり方をたくさんの人に伝え、実践していきたいと心に誓っている。

２０２０年７月

小野和俊

［著者］
小野和俊（おの・かずとし）
クレディセゾン常務執行役員CTO
1976年生まれ。小学４年生からプログラミングを開始。1999年、大学卒業後、サン・マイクロシステムズ株式会社に入社。研修後、米国本社にてJavaやXMLでの開発を経験する。2000年にベンチャー企業である株式会社アプレッソの代表取締役に就任。エンジェル投資家から7億円の出資を得て、データ連携ソフト「DataSpider」を開発し、SOFTICより年間最優秀ソフトウェア賞を受賞する。
2004年、ITを駆使した独創的なアイデア・技術の育成を目的とした経済産業省のとり組み、「未踏ソフトウェア創造事業」にて「Galapagos」の共同開発者となる。2008年より３年間、九州大学大学院「高度ICTリーダーシップ特論」の非常勤講師を務める。
2013年、「DataSpider」の代理店であり、データ連携ソフトを自社に持ちたいと考えていたセゾン情報システムズから資本業務提携の提案を受け、合意する。2015年にセゾン情報システムズの取締役 CTOに就任。
当初はベンチャー企業と歴史ある日本企業の文化の違いに戸惑うも、両者のよさを共存させ、互いの長所がもう一方の欠点を補っていく「バイモーダル戦略」により企業改革を実現。2019年にクレディセゾンの取締役CTOとなり、2020年3月より現職。「誰のための仕事かわからない、無駄な仕事」を「誰のどんな喜びに寄与するのかがわかる、意味のある仕事」に転換することをモットーにデジタル改革にとり組んでいる。

その仕事、全部やめてみよう
——1％の本質をつかむ「シンプルな考え方」

2020年７月29日　第１刷発行
2020年８月27日　第２刷発行

著　者——小野和俊
発行所——ダイヤモンド社
〒150-8409　東京都渋谷区神宮前6-12-17
https://www.diamond.co.jp/
電話／03･5778･7233（編集）　03･5778･7240（販売）
装丁————三森健太（JUNGLE）
本文デザイン・DTP——吉村朋子
校正————鷗来堂、加藤義廣（小柳商店）
製作進行——ダイヤモンド・グラフィック社
印刷————堀内印刷所（本文）・新藤慶昌堂（カバー）
製本————ブックアート
編集担当——中村明博

ISBN 978-4-478-10859-8

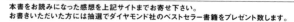